INSTRUCTION ÉLÉMENTAIRE

SUR LE CALCUL

DES INTERVALLES MUSICAUX.

INSTRUCTION ÉLÉMENTAIRE

SUR LES MOYENS DE CALCULER

LES INTERVALLES MUSICAUX,

EN PRENANT, POUR UNITÉS OU TERMES DE COMPARAISON, SOIT L'OC-
TAVE, SOIT LE DOUZIÈME D'OCTAVE, ET EN SE SERVANT DE TABLES
QUI RENDENT CE CALCUL EXTRÊMEMENT PROMPT ET FACILE.

FORMULES ANALYTIQUES, POUR CALCULER LE LOGARITHME ACOUSTIQUE D'UN
NOMBRE DONNÉ, ET RÉCIPROQUEMENT; PROGRESSIONS HARMONIQUES; AUTRES
FORMULES RELATIVES A L'ACOUSTIQUE MUSICALE, AVEC DES APPLICATIONS
AUX INSTRUMENTS DE MUSIQUE; DÉTERMINATION DU SON FIXE, ETC.

PAR M. LE B^{on} DE PRONY,

MEMBRE DE L'INSTITUT ROYAL DE FRANCE (ACADÉMIE DES SCIENCES).

DE L'IMPRIMERIE DE FIRMIN DIDOT FRÈRES,

IMPRIMEURS DE L'INSTITUT, RUE JACOB, N° 24.

1832.

INTRODUCTION.

La méthode et les procédés de calcul formant l'objet de la présente instruction, ont déjà été indiqués dans ma *Mécanique analytique* (année 1815), et dans un article que j'ai fourni au *Bulletin des Sciences mathématiques*, dirigé par M. le baron de Férussac (avril 1825). Le premier de ces ouvrages renferme (tome II, page 472 et suiv.) une solution analytique du problème de la corde vibrante, à la suite de laquelle j'ai placé un chapitre fort détaillé sur l'*acoustique musicale*, dont une petite partie est reproduite dans le Bulletin Férussac. J'y insiste sur la nécessité d'appliquer au calcul des intervalles musicaux des procédés analogues à la nature des quantités soumises au calcul, et réunissant, à la simplicité et à la commodité des opérations, toute l'exactitude désirable; ces procédés peuvent aisément être employés par les personnes qui possèdent les éléments de l'arithmétique (1) et leur servir

---

(1) Supposant à mes lecteurs la connaissance des quatre premières règles de l'arithmétique appliquées aux nombres entiers, et au moins l'intelligence de la notation des fractions ordinaires et des fractions décimales, je me bornerai à donner l'interprétation de quelques signes qui abrègent l'écriture. Ces signes se rapportent à des opérations de calcul : mais il n'est pas nécessaire, pour se mettre en état de lire la présente instruction, de savoir faire ces opérations; il suffit seulement de comprendre le système de notation qui les indique.

à transformer en expressions adaptées aux convenances et aux habitudes musicales d'autres expressions, qui ne doivent

---

Le signe $+$ veut dire *plus* ou *ajouté à;* ex. $4+3$, lisez *4 plus* 3 ou *4 ajouté à* 3.

Le signe $-$ veut dire *moins* ou *retranché de;* ex.: $12-7$, lisez 12 *moins* 7 ou *7 retranché de* 12.

Le signe $\times$ (qu'il ne faut pas confondre avec $+$) signifie *multiplié par;* ex. 8×6, lisez 8 *multiplié par* 6.

Lorsque deux nombres sont placés l'un au-dessus de l'autre et séparés par un trait horizontal, comme $\frac{15}{8}$, cette notation indique la division de 15 par 8 ou le nombre de fois que 15 contient 8, ou enfin le rapport *par quotient* de 15 à 8. J'ai supposé que le lecteur connaissait cette notation; mais j'ajouterai, ou je rappellerai, qu'on exprime le même rapport en écrivant $15:8$, au lieu de $\frac{15}{8}$.

Le signe $=$ veut dire *égal à;* ex. $7+2=14-5$, lisez 7 *plus* 2 *est égal à* 14 *moins* 5.

Les signes $>$ et $<$ désignent respectivement *plus grand que, plus petit que;* ex.: $100 > \frac{1188}{12}$, lisez 100 *plus grand que* 1188 *divisé par* 12; $100 < \frac{1327}{12}$, lisez 100 *plus petit que* 1327 *divisé par* 12.

Le produit d'un nombre par lui-même donne ce qu'on appelle son *carré*, ou sa 2e *puissance;* le produit d'un nombre par son *carré* ou sa 2e *puissance*, donne son *cube* ou sa 3e *puissance;* le produit d'un nombre par sa 3e *puissance* donne sa 4e *puissance;* le produit d'un nombre par sa 4e *puissance* donne sa 5e *puissance*, et ainsi de suite.

Exemples : $2 \times 2 = 4$; le nombre 4 est la 2e *puissance* ou le *carré* de 2; ce qu'on désigne par la notation $4 = 2^2$; $2 \times 2 \times 2$, ou $2 \times 2^2 = 8$; le nombre 8 est la 3e *puissance* ou le *cube* de 2, ce qu'on désigne par la notation $8 = 2^3$; $2 \times 2 \times 2 \times 2$, ou $2 \times 2^3 = 16$; 16 est la 4e puissance de 2, ce qu'on désigne par la notation $16 = 2^4$; $2 \times 2 \times 2 \times 2 \times 2$,

être considérées que comme *symboliques*, mais qui, cependant, énoncent les phénomènes sonores fournissant les données physiques desquelles on conclut les mesures naturelles et *vraies* des intervalles. Les opérations de calcul se réduisent à prendre des nombres dans l'une ou l'autre des tables 1 et 2 placées à la suite de l'instruction, et à opérer, sur ces nombres, par addition et soustraction, d'après les règles exposées au §. 2; le § 3 renferme plusieurs exemples de l'emploi de ces règles.

Cette transformation des nombres *symboliques*, par lesquels on est dans l'usage de représenter les intervalles musi-

---

ou $2 \times 2^4 = 32$; 32 est la 5ᵉ puissance de 2, ce qu'on désigne par la notation $32 = 2^5$, et ainsi de suite.

Les indices 2, 3, 4, 5, etc., placés au haut du chiffre 2, pour désigner sa 2ᵉ puissance 2^2, sa 3ᵉ puissance 2^3, etc., s'appellent des *exposants*.

Le nombre qui, par les multiplications successives dont on vient de parler, produit un autre nombre, qui est sa *puissance* d'un certain ordre, s'appelle la *racine* du nombre produit, *racine* d'un numéro ou d'un ordre, indiqué par l'exposant de la *puissance*; ainsi, dans les exemples précédents, 2 est la *racine* 2ᵉ ou *racine carrée* du nombre 4 (ce nombre 4 étant la *puissance* 2ᵉ ou le *carré* de 2), ce qu'on représente par la notation $2 = \sqrt[2]{4}$; ce même nombre 2 est la *racine cubique* de 8 (8 étant la *puissance* 3ᵉ ou le *cube* de 2), ce qu'on représente par $2 = \sqrt[3]{8}$; il est la *racine* 4ᵉ de 16, c'est-à-dire qu'on peut écrire $2 = \sqrt[4]{16}$; on écrirait pareillement $2 = \sqrt[5]{32}$, et ainsi de suite. On supprime ordinairement le n° 2 du signe $\sqrt{\ }$, lorsqu'il s'agit d'une *racine carrée*; mais c'est le seul cas où cette suppression est admise.

Les signes $\sqrt[2]{\ }$, $\sqrt[3]{\ }$, $\sqrt[4]{\ }$, etc., s'appellent des *radicaux*; on peut les remplacer par des *exposants* fractionnaires, c'est-à-dire qu'au lieu de $\sqrt[2]{2}$,

(8)

caux, étant l'unique but que je me suis proposé d'atteindre dans la rédaction de mes trois premiers paragraphes, on n'y trouvera aucune considération, aucune vue systématique sur la composition des diverses échelles musicales; je me suis borné à mettre en évidence, par de nombreux exemples, l'éminente utilité des *logarithmes acoustiques* pour analyser et discuter une échelle donnée, faire la comparaison de plusieurs échelles, etc. Ainsi ce n'est pas d'après une préférence accordée au *tempérament égal* sur d'autres répartitions des sons de l'octave que j'ai calculé la table 2, en prenant, pour unité

$\sqrt[3]{2}$, $\sqrt[4]{2}$, etc., on peut écrire $2^{\frac{1}{2}}$, $2^{\frac{1}{3}}$, $2^{\frac{1}{4}}$, etc., cette dernière notation étant la synonymie de la précédente.

Si le nombre, placé sous le radical, est élevé à une *puissance*, l'*exposant* de cette puissance remplace le numérateur 1 des exposants fractionnaires $\frac{1}{2}, \frac{1}{3}, \frac{1}{4}$, etc. Ainsi $\sqrt{2^3}$, $\sqrt[3]{2^5}$, etc., sont représentés par $2^{\frac{3}{2}}$, $2^{\frac{5}{3}}$, etc.

On généralisera tout ce qui vient d'être dit, en substituant au nombre 2, pris pour exemple, un nombre quelconque.

Lorsqu'on a à opérer sur un nombre déterminé, on peut toujours calculer sa *puissance* d'un ordre quelconque, l'*exposant* étant supposé être un nombre entier; il n'en est pas de même du calcul des *racines*, et en général des *puissances* en *exposants fractionnaires*; elles ne peuvent le plus souvent être obtenues que par approximation; il est vrai qu'on a des moyens faciles de pousser une approximation jusqu'à un degré de précision arbitraire; ainsi, par exemple, la racine 12° du nombre 2, qui ne peut pas être assignée exactement, a, pour valeur approchée, à moins d'une demi-unité près de la décimale du 15° ordre,

$$\sqrt[12]{2} = 1,05946\ 30943\ 59295,$$

et on pourrait, sans beaucoup de difficulté, pousser l'approximation jusqu'à un ordre quelconque de décimale.

d'intervalle, le demi-ton ou 12e d'octave; ce choix est déterminé par d'autres motifs exposés au § III. Il est cependant bon de faire observer que l'accord des instruments à touches, par *tempérament égal*, paraissant, maintenant, généralement adopté, un forte-piano peut, avec l'emploi d'une pareille unité, être assimilé à une espèce d'*étalon musical*, portant des divisions de nombres entiers ; je parlerai, aux § I et III, d'un appareil acoustique que j'ai imaginé et construit, et qui donne les nombres entiers et fractionnaires.

L'intelligence des trois premiers paragraphes de mon Instruction exige simplement, ainsi que j'en ai prévenu, la connaissance des premières règles de l'arithmétique ; les IVe et V^e paragraphes sont écrits pour ceux qui possèdent les éléments du calcul algébrique ; on y trouve les formules relatives à la construction des tables de logarithmes acoustiques, aux progressions harmoniques, etc.; d'autres formules, déduites de la théorie générale des cordes vibrantes, et appliquées aux divisions des manches d'instruments de musique, à la détermination expérimentale du *son fixe*, aux tuyaux d'orgue à *bouche*, etc.; enfin après avoir, à la fin du § III, donné quelques détails sur la harpe enharmonique du célèbre Sébastien Érard, dont la perte récente afflige vivement les amis des arts, je termine le § V par une mention de son forte-piano à sept octaves, et de son orgue *expressif*, invention admirable, que Grétry signalait comme la découverte de la *pierre* philosophale en musique.

La théorie physico-mathématique du son a fait, depuis la fin du siècle dernier, de grands progrès, dus à des géomètres et des physiciens d'un très-grand mérite ; une exposition raisonnée de l'état actuel de cette théorie et de ses relations avec le système musical (exposition qui exige l'emploi des méthodes d'analyse transcendante) pourra fournir matière à une suite ou seconde partie du présent écrit.

INSTRUCTION ÉLÉMENTAIRE

SUR LES MOYENS DE CALCULER

LES INTERVALLES MUSICAUX,

EN PRENANT, POUR UNITÉS OU TERMES DE COMPARAISON, SOIT L'OC-
TAVE, SOIT LE DOUZIÈME D'OCTAVE; ET EN SE SERVANT DE TABLES
QUI RENDENT CE CALCUL EXTRÊMEMENT PROMPT ET FACILE.

FORMULES ANALYTIQUES, POUR CALCULER LE LOGARITHME ACOUSTIQUE D'UN
NOMBRE DONNÉ, ET RÉCIPROQUEMENT; PROGRESSIONS HARMONIQUES, AUTRES
FORMULES RELATIVES A L'ACOUSTIQUE MUSICALE, AVEC DES APPLICATIONS
AUX INSTRUMENTS DE MUSIQUE; DÉTERMINATION DU SON FIXE, ETC.

§ I.

Inconvénients du mode ordinaire de représentation des intervalles musicaux ; avantages de celui qui est l'objet de la présente instruction.

(1) J'ai eu de fréquentes occasions de reconnaître combien les étudiants en musique, et en général, les personnes qui veulent connaître la partie théorique de cet art, sont embarrassés, rebutés par le mode de représentation des intervalles musicaux, généralement employés dans les traités d'harmonie. Les nombres ou rapports de nombres qui s'y trouvent accolés

ou substitués aux noms des diverses notes des échelles musicales, leur paraissent tout-à-fait incohérents avec les notions usuelles d'intervalles acquises par les exercices de musique vocale et instrumentale. Les opérations de calcul, les compositions de rapports nécessaires pour comparer les intervalles, analyser, discuter les échelles musicales, sont tout-à-fait hors de leurs goûts et souvent hors de leur portée.

J'ajouterai que ces opérations, parfois longues et fastidieuses, surtout pour ceux qui n'ont pas une certaine habitude du calcul, peuvent donner lieu à des erreurs inaperçues, tant par les auteurs que par les lecteurs des traités de musique. Je citerai, pour exemple, le tableau d'échelle enharmonique de la planche L du Dictionnaire de Musique de J.-J. Rousseau, sur lequel se trouve, répétée trois fois, une valeur, ou *représentation* d'intervalle partiel, incompatible avec l'ensemble des autres intervalles. (Je reviendrai sur cette échelle dans le § III.)

(2) A ces inconvénients, signalés par le simple raisonnement, s'en réunit un autre bien grave, celui d'avoir un système de représentation des intervalles absolument en dehors des habitudes musicales acquises par l'organe de l'ouïe; ces habitudes donnent le sentiment de divers intervalles reçus et définis en musique, intervalles susceptibles de nuances désignées par les épithètes *majeur, moyen, mineur, superflu, diminué;* elles sont, à la vérité, insuffisantes pour des appréciations exactes, rigoureuses; mais elles constituent un mode naturel d'évaluation *vraie* des intervalles, évaluation effectuée par des comparaisons de quantités de même espèce; malheureusement on ne tire aucun parti de ces antécédents, et au

lieu de maintenir les mesures *de sentiment* perfectionnées par les moyens de précision, de rigueur, qui leur manquent, on les remplace par des *symboles* de mesure, qui non-seulement ne laissent apercevoir aucune analogie, mais semblent même en dissidence avec les quantités mesurées.

Pour donner un exemple propre à mettre en évidence ce que je viens de dire, je supposerai qu'un musicien, simplement exercé à la pratique de son art, entende les sons *ut, ut♯, ré*, tels que les rend un instrument à clavier, accordé suivant le *tempérament égal;* il reconnaîtra aussitôt, par le seul sentiment de son oreille, que l'intervalle *ut, ut♯*, est celui d'un demi-ton, moitié de l'intervalle *ut, ré;* l'habitude de distinguer et d'apprécier les nuances chromatiques, acquise par la fréquence de l'audition et par l'exercice de la vocalisation, lui font reconnaître qu'en partant d'*ut* pour arriver à *ut♯*, on ne fait pas plus de chemin qu'en partant d'*ut♯* pour arriver à *ré;* et cette même distance, il saura ou l'apprécier ou l'entonner lui-même, en prenant un ton quelconque pour point de départ.

Maintenant qu'un théoricien vienne lui dire que les sons *ut, ut♯, ré*, sont représentés par les nombres $1, \sqrt[12]{2}, \sqrt[6]{2}$ (il s'agit ici du *tempérament égal*); ce musicien, ne sachant à quel genre de phénomène se rapportent ces nombres, ignorant qu'il n'est pas question de rapports d'intonation par *différences*, mais de rapports de nombres de vibrations par *quotients*, non-seulement ne comprendra pas le théoricien, mais sera tenté de regarder comme absurde sa représentation des sons, s'il vient à connaître les valeurs numériques des *radicaux* (Voyez la note de l'Introduction), et à savoir que la succession des

(14)

sons *ut*, *ut#*, *ré*, qui, d'après ses habitudes, lui donne, en demi-tons, les différences d'intervalles

0 demi-ton, 1 demi-ton, 2 demi-tons,

est représentée par la série des rapports

$$\frac{1000}{1000}, \frac{1059}{1000}, \frac{1122}{1000},$$

qui sont les valeurs de 1, $\sqrt[12]{2}$ et $\sqrt[6]{2}$ (*).

(3) Voilà l'indication d'une source de difficultés que présentent la lecture et l'étude des ouvrages publiés sur la musique et les règles de la composition musicale. Les auteurs de ces ouvrages ont, généralement, l'usage, lorsqu'ils n'emploient pas la notation spécialement adaptée à l'écriture de la musique (et souvent même en l'employant), de désigner les sons, ou leurs intervalles, par des rapports de nombres de vibrations des cordes sonores rapportées à des temps égaux, nombres que j'appellerai, par abréviation, *nombres synchrones* ; ainsi l'échelle diatonique *ut, ré, mi, fa, sol, la, si, ut*, étant formée d'après un certain mode de génération, dont l'examen est étranger à l'objet de cet écrit, on représente, de la manière suivante, les sons de cette échelle et leurs relations :

$$\left. \begin{array}{l} ut;\ ré;\ mi;\ fa;\ sol;\ la;\ si;\ ut. \\ 1;\ \frac{9}{8};\ \frac{5}{4};\ \frac{4}{3};\ \frac{3}{2};\ \frac{5}{3};\ \frac{15}{8};\ 2. \end{array} \right\} \ldots(A)$$

(*) Les deux dernières valeurs, mises sous la forme 1,059 et 1,122, ont la 3ᵉ décimale exacte; une plus grande approximation donne $\sqrt[12]{2}$ = 1,05946 30944 = la *base* de la table 2 de logarithmes acoustiques.

(*Voyez les dernières lignes de la note de l'Introduction.*)

Ce qui signifie que le temps employé par la corde *ut* à faire 8 vibrations est égal au temps employé par la corde *ré* à en faire 9; que des synchronismes analogues de nombres de vibrations donnent 4 pour 5 entre les cordes *ut* et *mi*, 3 pour 4 entre *ut* et *fa*, 2 pour 3 entre *ut* et *sol*, etc. En général, les dénominateurs et les numérateurs indiquent, respectivement, les nombres de vibrations rapportés au son *ut* de départ, que j'appellerai *son fixe*, et les nombres correspondants de vibrations rapportés aux différents sons que l'on compare avec ce *son fixe*.

Si les musiciens praticiens trouvent cette manière de représenter les sons tout-à-fait étrangère au mode de représentation qui leur paraît le plus naturel, ils seront encore plus déroutés dans le cas d'un système de partition plus simple que le précédent; je veux parler de la formation de l'échelle diatonique par le *tempérament égal*, qui rend les intervalles de tons *ut*, *ré*; *ré*, *mi*; *fa*, *sol*; *sol*, *la*; *la*, *si*; égaux entre eux, et doubles des intervalles de demi-tons *mi*, *fa*; *si*, *ut*. Ce système de tempérament est devenu celui d'après lequel on accorde, généralement, les instruments à touches et ceux qui se pincent, depuis que le luxe, et trop souvent l'abus des modulations, se sont introduits dans les compositions musicales (*).

(*) J'ai imaginé et construit un appareil pour soumettre à l'expérience les phénomènes de la vibration des cordes, soit en faisant varier le poids tendant supporté par une corde de longueur constante, soit en faisant varier la longueur sur une même tension. Mon savant et célèbre confrère à l'Académie des Sciences, M. Biot, m'a emprunté plusieurs fois cet appareil, aux époques de ses leçons de physique au collége de France. Ayant ainsi un moyen de mesurer, par le fait, les intervalles musicaux, avec la plus grande

Voici le tableau des notes de cette échelle diatonique à *tempérament égal;* j'ai placé, au-dessous des radicaux, leurs valeurs calculées à la précision des 1000es d'unité; la 2e de ces valeurs a été donnée ci-dessus à la fin de l'art. (2) (Voyez, pour l'intelligence de la notation des radicaux, la note de l'Introduction) (*).

$$\begin{array}{llllllll}
ut ; & ré ; & mi ; & fa ; & sol ; & la ; & si ; & ut. \\
1 ; & \sqrt[6]{2} ; & \sqrt[3]{2} ; & \sqrt[12]{32} ; & \sqrt[12]{128}; & \sqrt[4]{8} ; & \sqrt[12]{2048}; & 2. \\
1,000; & 1,122; & 1,260; & 1,335; & 1,498; & 1,682; & 1,888 ; & 2.
\end{array} \Big\} \ldots(B)$$

Pendant la durée de 1000 vibrations de la corde qui fait entendre le son *ut*, ou *son fixe*, la corde *ré* fait 1122 vibrations; la corde *mi*, 1260; la corde *fa*, 1335, etc.

(4) Ces rapports énoncent, certainement, des phénomènes sonores très-réels, des vérités physiques; leur considération est non seulement utile, mais indispensable dans les théories

---

exactitude, j'ai voulu savoir quel était le système d'accord des forte-piano généralement pratiqué par les plus habiles accordeurs. Un des instruments que j'ai éprouvés était celui de la célèbre pianiste madame de Charnage (précédemment madame de Montgeroult); l'ensemble de mes épreuves m'a convaincu que le *tempérament égal* était aujourd'hui unanimement adopté pour l'accord des instruments à touches; les très-légères anomalies de quelques comparaisons doivent être attribuées ou à des erreurs d'opérations, ou à des variations de tension.

(*) Les nombres affectés de radicaux et correspondants aux notes *ré, mi, fa, sol, la, si*, sont respectivement équivalents aux nombres fractionnaires $2^{\frac{2}{12}}, 2^{\frac{4}{12}}, 2^{\frac{5}{12}}, 2^{\frac{7}{12}}, 2^{\frac{9}{12}}$ et $2^{\frac{11}{12}}$.

C'est sous cette forme que les mesures vraies des intervalles sont mises en évidence par les *exposants,* ainsi qu'on le verra dans le § IV.

d'acoustique musicale ; ils doivent servir de base à un mode quelconque d'énonciation des intervalles, et il ne s'agit que d'effectuer convenablement leur transformation. Or cette transformation est importante, puisque les expressions $\frac{9}{8}$, $\frac{15}{16}$, etc., $\sqrt[6]{2}$, $\sqrt[3]{2}$ etc., ou d'autres qu'on pourrait prendre pour exemples, ne fournissent pas, ainsi que je l'ai expliqué ci-dessus, les représentations *intuitives* des intervalles *musicaux*, dans l'acception qu'il faut donner au mot *intervalle*, lorsqu'il s'agit de raisonnements applicables aux études relatives à la composition et à l'exécution musicales, aux systèmes d'accord des instruments, etc.; des effets, qui sont du domaine de l'ouïe, s'y trouvent rapportés à des phénomènes de mouvement qui déduits du calcul, échappent même à l'œil, et ne lui sont rendus sensibles et appréciables qu'à l'aide d'appareils scientifiques, tels que la très-ingénieuse *Sirène* de M. le baron Cagniard de la Tour.

(5) On rendra donc un service à l'art musical en soumettant les *intervalles*, considérés sous le point de vue qui convient à cet art, à un mode de mesure analogue à celui qu'on emploie pour évaluer les distances qui séparent des points situés dans l'espace. Il faut, dans l'un et l'autre cas, avoir une quantité *conventionnelle* de même nature que celles dont elle doit constituer *l'unité* ou *terme de comparaison;* et la mesure, tant des *intervalles musicaux* que des distances géométriques, consistera dans la détermination du nombre de fois (nombre qui peut être entier ou fractionnaire) que chaque intervalle ou chaque distance contient l'unité qui la concerne. Ces mesures effectuées donneront, *à vue*, les différences, les rap-

ports, etc., tels qu'il est nécessaire de les considérer dans les raisonnements sur l'*art musical*.

(6) Ces avantages précieux s'obtiennent avec la plus grande facilité, par l'emploi de l'une ou de l'autre des deux tables logarithmiques qu'on trouve, à la suite de la présente instruction ; pour rendre, par un premier exemple, leur utilité manifeste, je vais déduire, de la table (2), les valeurs des intervalles entre les différents sons des échelles (A) et (B) ci-dessus ; je donnerai ensuite dans le § II, les règles infiniment simples, par lesquelles on trouve ces valeurs.

L'unité de mesure à laquelle cette table (2) se rapporte est le demi-ton du *tempérament égal*, ou la 12e partie de l'intervalle d'octave ; les forte-piano, dans le système d'accord usité maintenant, ont leur échelle chromatique entre deux touches sonnant l'octave l'une de l'autre, formée de la duodécuple répétition de cette unité (*Voyez* la note de l'art. 3) ; mais l'usage que j'en fais ici est absolument indépendant de tout système d'accord des instruments à touche ; je préfère cette unité à telle autre qu'on pourrait lui substituer arbitrairement, par des considérations de commodité de calcul, etc.

Voici les échelles (A) et (B) reproduites en substituant à des rapports de nombres de vibrations des mesures *effectives* d'intervalles, exprimées en demi-tons et 100es de demi-ton (*).

(*) Le signe d., placé au haut du chiffre des unités, signifie *demi-ton* ; ex. 2^d,04, lisez *deux demi-tons* et $\frac{4}{100}$ *de demi-ton ;* 3^d,86, lisez *trois demi-tons* et $\frac{86}{100}$ *de demi-ton*, etc.

	ut	ré	mi	fa	sol	la	si	ut
	d.	d.	d.	d.	d.	d.	d.	d.
(C)... N° 1.....	0,00	2,04	3,86	4,98	7,02	8,84	10,88	12,00
N° 2.....	0,00	2,00	4,00	5,00	7,00	9,00	11,00	12,00

Les tableaux (A) et (B), respectivement représentés par (C) n° 1 et (C) n° 2, satisfont, ainsi transformés, à toutes les conditions exigibles, relativement à leurs destinations, en donnant, *à vue*, l'ensemble complet des relations d'*intervalles* qu'on a besoin de connaître, énoncées en quantités parfaitement appréciables par les musiciens. Ainsi on voit (échelle n° 1) que l'intervalle d'*ut* à *ut* ou d'un son à son unisson, est zéro; que de *ré* à *ut*, on a deux demi-tons et $\frac{4}{100}$ de demi-ton; de *mi* à *ut*, 3 demi-tons et $\frac{86}{100}$ de demi-ton; de *fa* à *ut*, 4 demi-tons et $\frac{98}{100}$ de demi-ton, etc.

L'échelle (C) n° 2, n'offre d'après son mode de formation, aucune fraction d'unité dans les intervalles entre les sons qui la composent; mais il est curieux de la comparer avec le n° 1, et de connaître, avec une grande précision, les différences d'intonation entre les touches correspondantes de deux forte-piano dont l'un serait accordé suivant la partition n° 1, et l'autre suivant la partition n° 2, ou le *tempérament égal*, les *ut* étant supposés à l'unisson parfait sur l'un et sur l'autre instrument. On voit que les *ré* et les *sol* seraient plus haut sur le n° 1 que sur le N° 2, mais d'une faible quantité, $\frac{4}{100}$ et $\frac{2}{100}$ de demi-ton; les *fa* ne différeraient aussi que de $\frac{2}{100}$, mais les *mi, la* et *si,* seraient plus bas dans le n° 1 que dans le n° 2, respectivement, de $\frac{14}{100}$, $\frac{16}{100}$ et $\frac{12}{100}$ de demi-ton; les deux instruments ne pourraient pas jouer ensemble sans blesser des oreilles délicates; leurs gammes chromatiques complètes seront bientôt mises en regard.

(7) Un des avantages signalés de la transformation des intervalles représentés par *quotients*, en intervalles *mesurés* par *différences*, est l'extrême facilité que donne cette transformation pour faire l'analyse, l'examen détaillé d'une suite de sons, d'une échelle diatonique, chromatique ou enharmonique, formée d'après un système harmonique quelconque, d'apprécier les plus légères nuances d'altération introduites dans les accords factices, comparés aux accords naturels produits par la résonnance du corps sonore. *Exemple:* cette résonnance du corps sonore donne pour accord parfait majeur les intervalles mesurés en demi-tons,

$$0^d ; \quad 3^d,8631371 ; \quad 7^d,0195500$$

Tierce mineure formant le 2ᵉ intervalle, $\quad 3^d,1564129$

On est assez généralement d'accord de frapper l'accord parfait mineur en inversant l'ordre des tierces comprises entre le son fondamental 0, et sa quinte 7,0195500; et M. le baron Blein dit avoir reconnu que cet ordre de tierce est donné par les harmoniques d'un cylindre métallique suspendu dans le sens de son axe: ainsi les intervalles de l'accord parfait mineur mesurés en demi-tons, sont

$$0^d ; \quad 3^d,1564129 ; \quad 7^d,0195500$$

Tierce majeure formant le 2ᵉ intervalle, $\quad 3^d,8631371$

(21)

Appliquant ces mesures aux échelles (C) n°s 1 et 2, et négligeant 5 décimales qui ne sont, ici, qu'un luxe de précision, on verra que les accords parfaits *ut, mi, sol,* et *fa, la, ut',* se trouvent dans le n° 1, sans aucune altération; le premier est immédiatement 0; 3^d,86 et 7^d,02; le 2e s'obtient en écrivant 0 au lieu de 4^d,98, et soustrayant ce nombre de 8^d,84, et de 12^d,00, ce qui donne

$$0;\ 8^d,84 - 4^d,98 = 3^d,86;\ 12^d,00 - 4^d,98 = 7^d,02.$$

Il n'en est pas de même de l'accord parfait mineur *ré, fa, la,* en soustrayant le nombre *ré* des nombres *fa* et *la*, et écrivant 0 au lieu de *ré*, on a

$$0;\ 2^d,94;\ 6^d,80.$$

La tierce mineure 2^d,94, et la quinte 6^d,80, sont chacune trop faibles de $\frac{22}{100}$ de demi-ton; par compensation l'accord parfait mineur *mi, sol, si,* ou

$$0^d;\ 7^d,02 - 3^d,86 = 3^d,16;\ 10^d,88 - 3^d,86 = 7^d,02,$$

est parfaitement juste.

Dans l'échelle n° 2, les accords parfaits majeurs et mineurs sont, respectivement,

	0^d,00;	4^d,00;	7^d,00. et	0^d,00;	3^d,00;	7^d,00
au lieu de	0 ,00;	3 ,86;	7 ,02. et	0 ,00;	3 ,16;	7 ,02
altération	0^d,00;	+0^d,14;	—0^d,02. et	0^d,00;	—0^d,16;	—0^d,02

L'altération des quintes est très-faible; celle des tierces est beaucoup plus sensible, et, malheureusement, l'oreille supporte moins l'altération de la tierce que celle de la quinte.

L'échelle diatonique *ut, ré, mi, fa, sol, la, si, ut,* se compose de deux tétracordes disjoints, *ut, ré, mi, fa,* et *sol, la, si, ut;* ces tétracordes sont parfaitement semblables dans l'échelle (C) n° 2, et on peut être curieux de les comparer dans l'échelle (C) n° 1. Cette opération se fera avec la même facilité que les précédentes, en prenant, pour chaque note, la différence entre le nombre de demi-tons qui lui correspond et celui qui correspond à la note précédente; on aura, ainsi,

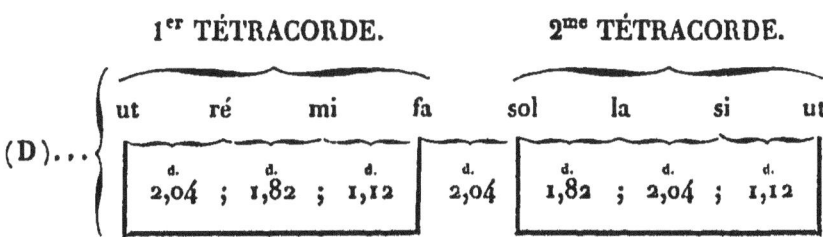

Les deux tétracordes ne diffèrent l'un de l'autre que par la disposition des deux premiers intervalles; les notes *ut, ré, mi,* offrent l'ordre $2^d,04$; $1^d,82$, respectivement appelés *ton majeur* et *ton mineur,* et les notes *sol, la, si* offrent l'ordre inverse $1^d,82$; $2^d,04$; le 3e intervalle $1^d,12$ est le même dans chaque tétracorde; si on haussait le *la* de l'échelle (C) n° 1, de $\frac{22}{100}$ de demi-ton, et qu'on le portât à $9^d,06$ au-lieu de $8^d,84$, les deux tétracordes deviendraient parfaitement semblables, la quinte *ré, la* serait juste, mais la tierce *fa, la* se trouverait altérée de $\frac{22}{100}$ de demi-ton.

(8) En comparant le tableau (D) avec celui qui est censé remplir le même objet et qu'on trouve dans le Dictionnaire de Musique de Jean-Jacques Rousseau, au mot *Échelle,* et dans

d'autres ouvrages, l'avantage du *système métrique musical* que je propose deviendra bien sensible. Un praticien qui voit l'intervalle *mi, fa,* ou *si, ut,* représenté par $\frac{15}{16}$, sans explication sur l'espèce de quantité à laquelle se rapportent les nombres 15 et 16 (et même dans l'hypothèse où cette explication serait donnée), se trouvera bien plus satisfait de connaître la mesure *vraie* et immédiate (1 demi-ton + $\frac{1}{8}$ de demi-ton de *tempérament égal*) de cet intervalle. S'il a un forte-piano accordé, suivant l'usage, à demi-tons égaux, il saura que les touches *mi, fa,* et *si, ut,* y frappent des sons plus rapprochés d'environ $\frac{1}{8}$ de demi-ton que sur un instrument accordé suivant le système de l'échelle (D); de plus, il reconnaîtra aisément que les dissidences entre les intervalles partiels des deux partitions ont, dans la partition (D), des compensations telles que la somme 2,04 + 1,82 + 1,12 + 2,04 + etc., prise entre deux *ut* à l'octave, donne 12 demi-tons, dans cette partition, comme dans la partition égale.

On trouvera, dans les exemples placés à la suite des explications relatives à l'usage des tables (1) et (2), de nouvelles confirmations de tout ce qui précède; mais je ne dois pas oublier, en terminant ce §, de faire observer, ou de rappeler que le système de mesure, ou *système métrique musical*, dont il s'agit ici, est absolument indépendant de tout système de formation d'échelles musicales, d'accords d'instruments, etc. Son unique destination est de fournir des évaluations numériques *vraies*, précises, et adaptées à la nature des quantités soumises au calcul, quel que soit le mode de liaison établi entre ces quantités. Ce *système métrique musical* peut, ainsi que je l'ai déjà donné à entendre, être assimilé au mesurage géodésique par lequel on détermine les distances entre les points placés d'une manière quelconque les uns par rapport aux autres, sans avoir besoin de faire entrer en considération les conditions auxquelles leurs positions respectives peuvent être assujetties.

§ II.

Description et usage des tables (1) *et* (2) *de logarithmes acoustiques.*

(9) Il faut maintenant faire connaître les moyens par lesquels le tableau (C), art. 6, a pu être formé d'après les tableaux (A) et (B), art. (3), et expliquer, en général, la composition des tables (1) et (2), ci-après, et leur usage pour déduire les valeurs vraies des intervalles musicaux des rapports entre les nombres de vibrations des cordes sonores correspondant à des durées égales.

Les tables (1) et (2) se composent, chacune de deux colonnes, l'une intitulée *nombres*, l'autre intitulée *logarithmes*. La première indique des nombres synchrones de vibrations, et la seconde donne soit en demi-tons (ou 12es d'octaves) et fractions décimales de demi-tons (c'est le cas de la table (2)), soit en octaves et fractions décimales d'octaves (c'est le cas de la table (1)), les valeurs des intervalles pris dans le sens qui sera expliqué ci-après.

L'octave prise pour unité d'intervalle a l'avantage d'être un type immédiatement donné par la nature, propriété qui peut, dans certains cas, motiver son adoption. Cette considération m'a déterminé à donner la table n° 1. Mais, en employant une pareille unité, les 12 intervalles compris entre deux touches d'un forte-piano (que je suppose accordé suivant le *tempérament égal*) à l'octave l'une de l'autre, ne sont plus que des fractions décimales, et, en prenant le 12e d'octave pour unité, ces mêmes intervalles deviennent des nombres entiers, et un forte-piano (accordé comme il est dit ci-dessus) devient, ainsi que je l'ai déjà observé, un *étalon* de mesure *musicale*, sur lequel un intervalle quelconque peut être porté soit entre deux touches déterminées, soit à partir d'une touche *son fixe* jusqu'à l'intervalle séparant deux touches à demi-ton l'une de l'autre. Ce type de mesure est donc plus conforme que l'autre aux habitudes musicales, beaucoup mieux choisi pour mettre en faveur, parmi les musiciens praticiens, le *système métrique musical* que je propose, et, par cette raison, les exemples de calcul, ci-après, sont donnés d'après la table N° 2.

(10) Les nombres de la première colonne des tables (1) et (2) n'y sont compris que depuis 1 jusqu'à 150 ; c'est plus qu'il ne faut pour les calculs auxquels les tables doivent être employées ; je donnerai dans le § (IV), ci-après, les relations entre les logarithmes *acoustiques* et les logarithmes usuels (ceux des tables de Callet, Lalande, etc.), d'après lesquelles, étant donné un nombre quelconque de vibrations, on obtient le logarithme *acoustique* correspondant, et réciproquement ; mais cette extension de moyens de calcul intéresse particulièrement, ou exclusivement, les théoriciens qui liront ce § (IV).

(11) Les tables (1) et (2) étant destinées à transformer les intervalles que représentent les rapports par *quotients* des nombres de vibrations, en rapports, par différences, de nom-

(26)

bres d'unités musicales vraies, si on a un nombre de vibrations isolé, 6 par exemple, il faut regarder ce nombre comme représentant l'expression $\frac{6}{1}$, et énonçant qu'une corde sonore fait 6 vibrations, pendant que celle qui rend le *son fixe*(*) n'en fait qu'une. Pour avoir l'intervalle *vrai* entre les deux sons, il faut, en général, prendre la différence entre les logarithmes *acoustiques* du numérateur et du dénominateur ; mais ce dernier logarithme étant zéro dans le cas dont il s'agit ici, l'intervalle *vrai* sera donné par le seul logarithme de 6, qu'on trouve dans chacune des tables (1) et (2) à côté du nombre 6, pris dans la 1re colonne. Si on emploie la table (2), l'intervalle donné, exprimé en demi-tons, ou 12es d'octave, sera 31^{d},0195500, ou, en se bornant aux 100es de demi-ton, ce qui est plus que suffisant, 31^{d},02. On peut remarquer que le tableau (C), N° 1, art. 6, ci-dessus, donne pour l'intervalle entre le *sol* et l'*ut*, *son fixe*, un intervalle de 7^{d},02, c'est-à-dire l'intervalle 31^{d},02 + 24^{d} ou 31^{d},02 + 2 octaves. La corde sonore qui fait 6 vibrations pendant que la corde *son fixe* en fait une, donne donc la double octave de la quinte du *son fixe*.

(*) J'ai appelé *son fixe* (§ I, art. 3), la note *ut* de départ de l'échelle (A); il est bon, pour fixer les idées, de donner à cet *ut* une place déterminée sur le clavier, et celle qui me paraît la plus convenable est occupée par l'*ut* de la clef d'*ut*, le 3$^\text{e}$ du grave à l'aigu dans les forte-piano ordinaires, dont la note la plus grave est *fa*, ou le 4$^\text{e}$ dans les forte-piano qui descendent à l'*ut* au-dessous de ce *fa*. Il sera question, dans le § V, de la détermination du nombre de vibrations, dans un temps donné, de la corde sonore qui rend le *son fixe*; mais les règles du calcul, exposées dans la présente instruction sont indépendantes de cette détermination.

(12) Lorsqu'un des termes du rapport n'est pas l'unité, il faut employer deux logarithmes acoustiques. *Exemple :* La corde rendant le *son fixe* fait 8 vibrations pendant la durée de 9 vibrations d'une autre corde. Le rapport est $\frac{9}{8}$, et pour trouver l'intervalle *vrai* entre les sons rendus par les deux cordes, il faut du logarithme acoustique de 9 retrancher celui de 8; on a, table (2) en prenant les logarithmes à côté des nombres inscrits dans la 1re colonne,

$$\begin{aligned}\text{Log. } 9 &= 38^{d},0391000\\ \text{Log. } 8 &= 36^{d},0000000\\ \hline \text{Log. } \tfrac{8}{9} &= 2^{d},0391000\end{aligned}$$

L'intervalle entre les deux sons est donc de $2^{d},039$, ou $2^{d},04$. C'est celui qu'on trouve art. 6, tableau (C) N° 1, entre le *ré* et l'*ut son fixe*.

J'ai supposé que l'un des sons dont on veut calculer l'intervalle était le *son fixe*; s'il s'agissait de déterminer l'intervalle entre deux sons quelconques par la connaissance du rapport des nombres de vibrations que font, dans le même temps, les cordes sonores qui émettent ces sons, la règle de calcul serait la même que celle qui vient d'être posée; l'intervalle serait donné par la différence entre les logarithmes acoustiques des nombres synchrones de vibrations des cordes sonores.

(13) Ces nombres synchrones (*) de vibrations ne sont pas

(*) J'ai dit que l'expression *nombres synchrones de vibrations* désignait les nombres respectifs de vibrations faites par plusieurs cordes sonores

4.

toujours donnés immédiatement ; dans bien des cas, il faut les déduire de relations qui peuvent être présentées sous plusieurs formes, et qui, si elles n'étaient pas connues, rendraient les valeurs cherchées des intervalles entièrement indéterminées.

Il me suffit, pour l'objet que j'ai ici en vue, de considérer le cas où on connaît, pour chacun des deux sons dont on veut avoir l'intervalle, le rapport des nombres synchrones de vibrations faites par la corde qui rend ce son, et par celle qui émet le *son fixe*. Il sera convenu, de plus, que, dans l'expression des rapports, les nombres de vibrations de la corde *son fixe* seront toujours au dénominateur. *Exemple :* La corde qui émet l'un des sons dont on veut calculer l'intervalle, désigné par son a, fait 5 vibrations pendant que la corde *son fixe* en fait 3 ; l'autre son, désigné par son b, donne avec le même son fixe, désigné par f, 90 pour 81 ; les données sont les deux rapports $\frac{5}{3}$ et $\frac{90}{81}$, et, pour avoir les intervalles entre les sons a et b, on calculera, d'abord, par la règle de l'art. 3, les intervalles $a, f,$ et $b, f,$ et la différence entre ces intervalles sera l'intervalle cherché.

On a, pour le son a (table 2), $\begin{cases} \log.\ 5 = 27^d, 8631371 \\ \log.\ 3 = 19\ , 0195500 \end{cases}$

Intervalle $a, f. \ldots \ldots = 8\ , 8435871$

---

pendant un même temps. Il ne faut pas confondre les mots *synchrone* et *isochrone*. Le premier se rapporte à la comparaison des mouvements de plusieurs corps ; le second s'applique aux mouvements successifs et d'égale durée d'un même corps, comme seraient les oscillations d'un pendule qui décrit de petits arcs.

$$\text{De l'autre part}\ldots\ldots\ldots 8^d,8435871$$

On a, pour le son b (table 2), $\begin{cases}\log. 90 = 77^d,9022372\\ \log. 81 = 76\ ,0782000\end{cases}$

$$\text{Intervalle } b, f\ldots\ldots = 1\ ,8240372\ldots 1^d,8240372$$

$$\text{Intervalle } a, b = \ldots\ldots 7^d,0195499$$

En jetant un coup d'œil sur le tableau (C) N° 1, art. 6, on reconnaîtra que le son a est la 6ᵉ note *la* de l'échelle diatonique, note cotée 8,84, et qu'en mettant la 2ᵉ note *ré*, de la même échelle, à la quinte juste au-dessous du *la*, on aurait le son b, l'intervalle a, b étant, d'après le calcul ci-dessus, de 7^d,02, mesure de la quinte juste; on a vu, art. 7, que la quinte *ré*, *la* de l'échelle diatonique (C) N° 1, art. 6, était plus faible que la quinte juste de 0^d,22.

(14) On aurait pu faire le calcul précédent en prenant les sommes respectives des logarithmes du dénominateur 3 et du numérateur 90, du numérateur 5 et du dénominateur 81, et soustrayant ces sommes l'une de l'autre. Ce procédé tient à ce que les rapports de vibrations $\frac{5}{3}$ et $\frac{90}{81}$ des sons a et b avec le *son fixe*, équivalent au rapport de vibrations $\frac{3\times 90}{5\times 81}$ entre les sons a, b. Or, le logarithme de chacun des produits 3×90 et 5×81 est égal à la somme des logarithmes des facteurs, et d'après la règle de l'art. (12), le logarithme de la fraction $\frac{3\times 90}{5\times 81}$ a pour valeur, $\log.(3\times 90) - \log.(5\times 81)$.

(15) Les règles de calcul et les exemples qui précèdent mettent bien en évidence l'avantage du calcul des intervalles vrais par les logarithmes acoustiques, sur la représentation de ces intervalles par des rapports de nombres de vibrations;

on voit que, lorsque ces rapports ne sont pas donnés immédiatement, mais qu'il faut les déduire de relations entre les sons a et b (*Voyez* la notation de l'art. 13.) et d'autres sons, non-seulement l'intervalle vrai a, b est dissimulé, mais que dans beaucoup de cas, les rapports constituant les données du calcul, ne laissent seulement pas reconnaître, à vue, lequel des deux sons a et b est plus haut que l'autre.

(16) Il reste à généraliser l'usage de la règle de calcul de l'art. (13); pour simplifier l'écriture, je supposerai que a et b représentent les nombres de vibrations des cordes qui émettent les sons désignés art. (13), par les mêmes lettres, et que ces nombres sont synchrones, respectivement avec les nombres f' et f'' de vibrations de la corde rendant le *son fixe* désigné art. cité par f. Les données du calcul seront, en général, $\frac{a}{f'}$ et $\frac{b}{f''}$ et elles peuvent fournir quatre cas, savoir : 1° $a > f'$; $b > f''$; 2° $a > f'$; $b < f''$; 3° $a < f'$; $b > f''$; 4° $a < f'$; $b < f''$; dans le 1er cas, qui est celui de l'exemple donné à l'art. (12), les sons a et b sont tous deux plus haut que le son *fixe*; dans le 2e cas, le le son a est plus haut et le son b plus bas que le son *fixe*; dans le 3e cas, le son a est plus bas et le son b plus haut que le son fixe ; dans le 4e cas, chacun des sons a et b est plus bas que le son *fixe*.

L'opération à faire, dans les quatre cas, sur chacune des fractions partielles $\frac{a}{f'}$ et $\frac{b}{f''}$, consiste à retrancher le logarithme du plus petit terme de cette fraction du logarithme de son plus grand terme. Désignant par r' et r'' les restes logarithmiques ainsi donnés, respectivement, par $\frac{a}{f'}$ et $\frac{b}{f''}$, la différence entre r' et

r'' sera l'intervalle musical entre les sons représentés par a et b, dans le 1er et le 4e des cas ci-dessus énumérés ; dans le 1er cas, le plus grand des restes logarithmiques r' et r'' correspond au moins grave des sons a et b, et le contraire a lieu dans le 4e cas.

Dans les 2e et 3e cas, qui peuvent être considérés comme n'en faisant qu'un, l'intervalle *musical* entre a et b est donné, non par la différence entre r' et r'', mais par la somme de ces deux quantités. Celui des numérateurs a et b qui excède son dénominateur, correspond à un son plus haut que le son *fixe*, et le son correspondant à l'autre numérateur est plus grave que le son fixe (*).

Exemples : L'art. (13) contient un exemple du 1er cas qui donne $r' = 8,84$; $r'' = 1,82$; $r' - r'' = 7^d,02 =$ l'intervalle musical entre les sons a et b, tous deux plus haut que le son fixe.

Soit pour exemple commun des 2e et 3e cas $\frac{a}{f'} = \frac{127}{99}$; $\frac{b}{f''} = \frac{85}{113}$, on a, table (2)

$$\text{Log. } a = \log. 127 = 83^d,8642162$$
$$\text{Log. } f' = \log. 99 = 79,5522794$$
$$\text{Log. } a - \log. f' = r' = 4^d,3119368$$

(*) Les personnes qui ont l'usage du calcul logarithmique reconnaîtront que les 2e, 3e et 4e cas comportent l'emploi de *logarithmes négatifs* ; j'ai cru convenable de ne pas me servir de cette expression qui est suppléée par l'indication des rapports de vibrations correspondants à des sons plus aigus ou plus graves que le *son fixe* ; le calculateur le plus médiocre ne court aucun risque d'erreur en suivant exactement les règles posées dans l'art. (16), dont l'observation est on ne peut pas plus facile.

$$\text{De l'autre part} \ldots \ldots 4^d,3119368 = r'$$

$$\text{Log.} f'' = \log. 113 = 81^d,8421475$$
$$\text{Log.} b = \log. 85 = 76 ,9126912$$
$$\text{Log.} f'' - \log. b = r'' \ldots = \overline{4^d,9294563} \ldots \ldots 4^d,9294563 = r''$$
$$\phantom{\text{Log.} f'' - \log. b = r'' \ldots = 4^d,9294563 \ldots \ldots} \overline{9^d,2413931 = r' + r''}$$

Le son a plus haut de $4^d,31$ que le *son fixe*, est entre la tierce majeure et la quarte au-dessus de ce son; le son b plus bas de $4^d,93$ que le son fixe, donne, à très-peu près, la quarte au-dessous ; l'intervalle entre a et b est de $9^d,24$.

Soit pour exemple du 4° cas, $\dfrac{a}{f'} = \dfrac{121}{149}; \dfrac{b}{f''} = \dfrac{57}{63}$, on aura, table (2)

$$\text{Log.} f' = \log. 149 = 86^d,6300222$$
$$\text{Log.} a = \log. 121 = 83 ,0263588$$
$$\text{Log.} f' - \log. a = r' = \overline{3^d,6036634} \ldots \ldots 3^d6036634 = r'$$

$$\text{Log.} f'' = \log. 63 = 71^d,7273591$$
$$\text{Log.} b = \log. 57 = 69 ,9946802$$
$$\text{Log.} f'' - \log. b = r'' = \overline{1^d,7326789} \ldots \ldots 1^d,7326789 = r''$$
$$\phantom{\text{Log.} f'' - \log. b = r'' = 1^d,7326789 \ldots \ldots} \overline{1^d,8709845 = r' - r''}$$

Les sons a et b sont, d'après les explications précédentes, plus bas que le *son fixe*, le premier de $3^d,60$, et le second de $1^d,73$; l'intervalle $1^d,87$, de l'un à l'autre, est, à très-peu près, celui que les musiciens appellent *seconde mineure*, dont on voit la mesure entre le *ré* et le *mi*, ou le *sol* et le *la*, du tableau (D) art. (7). La différence n'est que de $\dfrac{1}{20}$ de demi-ton.

(17) Je passe à la transformation en intervalles *vrais*, des intervalles représentés par des rapports de nombres qui sont

élevés à des puissances ou affectés de radicaux. Il est nécessaire, pour l'intelligence des explications qui suivent, de lire, avec un peu d'attention, la fin de la note de l'introduction.

On a vu, à la note citée, que tout nombre placé sous un radical pouvait être écrit sans ce radical à l'indice duquel on substituerait un exposant fractionnaire; ainsi $\sqrt{3}=3^{\frac{1}{2}}$; $\sqrt[3]{5^2}=5^{\frac{2}{3}}$; $\sqrt[4]{7^{\frac{3}{5}}}=7^{\frac{3}{4\times 5}}=7^{\frac{3}{20}}$, $\sqrt[3]{8^{\frac{4}{5}}}=8^{\frac{2\times 4}{3\times 5}}=8^{\frac{8}{15}}$, etc. En général n, p, q, r et s désignant des nombres quelconques, on a $\sqrt[\frac{p}{q}]{n^{\frac{r}{s}}}=n^{\frac{r\times q}{s\times p}}$; et la règle générale pour avoir le logarithme d'un nombre mis sous la forme $n^{\frac{r\times q}{s\times p}}$ est de multiplier le logarithme du nombre n par son exposant entier ou fractionnaire; le produit donne le logarithme cherché.

Exemples calculés par la table (2).

$\log. 47^3 = 3 \times \log. 47 = 3 \times 66{,}655\,0662 = 199{,}965\,1986$

$\log. \sqrt{29^2} = \log. 29^{\frac{2}{5}} = \dfrac{2 \times \log. 29}{5} = \dfrac{2 \times 58{,}2957719}{5} = 23{,}31830876$

$\log. \sqrt[\frac{3}{4}]{17^{\frac{5}{6}}} = \log. 17^{\frac{5\times 4}{3\times 6}} = \log. 17^{\frac{10}{9}} = \dfrac{10 \times \log. 17}{9} = \dfrac{10 \times 49{,}0495541}{9}$
$= 54{,}4995.$

(18) Je vais terminer ce § par l'indication d'un mode de réduction des intervalles musicaux dont on a souvent besoin; il s'agit de ramener dans les limites de l'octave immédiatement supérieure au *son fixe*, tous les intervalles qui sortent de ces

(34)

limites tant à l'aigu qu'au grave, et dont le *son fixe* est un des termes extrêmes.

Dans le 1er cas on retranchera de l'intervalle, que je suppose énoncé en demi-tons ou 12es d'octave, le plus grand multiple de 12 contenu dans le nombre qui donne la mesure de cet intervalle. Ainsi étant donné l'intervalle 58^d,88, cet intervalle contient 4 × 12 ou 48 plus 10,88; ce dernier nombre est donc la valeur de l'intervalle rabaissé de 4 octaves, et ramené dans les limites de l'octave du son fixe; c'est art. 6, tableau (C) N° 1, le *si* septième note de la gamme d'*ut*, qui en forme le terme supérieur.

Dans le 2e cas ce sera le nombre donnant la mesure de l'intervalle au grave du *son fixe* qu'il faudra retrancher du multiple de 12 immédiatement supérieur à ce nombre. Soit l'intervalle, au grave du son fixe, mesuré par 31^d.02. Le multiple de 12, immédiatement supérieur à ce nombre, est 3 × 12, ou 36; l'intervalle ramené dans les limites de l'octave sera donc 36—31,02 ou 4^d,98; c'est, article et tableau ci-dessus cités, l'intervalle de l'*ut* à un *fa* qu'on a haussé de 3 octaves, lequel *fa* devait être le plus grave du clavier du forte-piano, l'*ut son fixe* étant l'*ut* de la clef d'*ut*.

(19) Voici un dernier cas qui pourrait se déduire de ce qui précède, mais le lecteur trouvera plus commode d'en avoir la solution immédiate.

On a un nombre quelconque de cordes sonores numérotées 1ère, 2e, 3e, 4e, etc.; on connaît les nombres synchrones de vibrations de la 1ère et de la 2e, de la 2e et de la 3e, de la 3e et de la 4e, etc., et on veut avoir les mesures vraies des intervalles entre les sons de la 1ère et de l'une quelconque des autres.

La règle générale se conclura aisément d'un seul exemple :
Soient les rapports des nombres synchrones successifs de vibrations,

$$\frac{1}{1}, \frac{9}{8}, \frac{10}{9}; \frac{16}{15}; \frac{9}{8}, \frac{10}{9}, \frac{9}{8}, \frac{16}{15}.$$

Ce qui signifie 1° que les deux premières cordes donnent le même nombre de vibrations pendant le même temps, et qu'étant ainsi à l'unisson, on peut les ranger toutes deux sous le n° 1; 2° que la corde n° 2 fait 9 vibrations synchrones avec 8 vibrations de chacune des cordes n° 1; 3° que le synchronisme des cordes n°^{s} 3 et 2 est 10 pour 9; 4° que celui des cordes n°^{s} 4 et 3 est 16 pour 15; et ainsi de suite, jusqu'aux cordes n°^{s} 8 et 7 dont le synchronisme est 16 pour 15.

Pour trouver l'intervalle musical entre le son de la corde n° 1 et le son de la corde d'un n° quelconque après ce n° 1 que je désignerai par n° n, il suffit de savoir que le rapport entre les nombres synchrones de vibrations des cordes n°^{s} 1 et n se trouve en faisant le produit de tous les rapports partiels depuis et y compris le n° 1 jusques et y compris le n° n. D'après cette règle, on a, pour valeur du rapport entre les nombres synchrones de vibrations des cordes n°^{s} 1 et 8,

$$\frac{1}{1} \times \frac{9}{8} \times \frac{10}{9} \times \frac{16}{15} \times \frac{9}{8} \times \frac{10}{9} \times \frac{9}{8} \times \frac{16}{15} \Big\} \ldots (a)$$

Il ne s'agit plus que de prendre dans une des tables 1 et 2 (je me servirai de la table 2) les logarithmes acoustiques de ces rapports, et on pourra former une table donnant 1° les intervalles partiels entre deux sons consécutifs, 2° l'intervalle entre le 1er son et l'un quelconque des suivants; voici le calcul qui fournit un exemple digne de remarque de la grande utilité de l'emploi du système logarithmique,

INTERVALLES PARTIELS.	SOMMES DES INTERVALLES PARTIELS.
d.	d.
$\log. \frac{1}{1} = 0,0000000$	0,0000000
$\log. \frac{9}{8} = 2,0391000$	2,0391000
$\log. \frac{10}{9} = 1,8240371$	3,8631371
$\log. \frac{16}{15} = 1,1173129$	4,9804500
$\log. \frac{9}{8} = 2,0391000$	7,0195500
$\log. \frac{10}{9} = 1,8240371$	8,8435871
$\log. \frac{9}{8} = 2,0391000$	10,8826871
$\log. \frac{16}{15} = 1,1173129$	12,0000000

Les logarithmes des rapports $\frac{1}{1}$, $\frac{9}{8}$, $\frac{10}{9}$, etc. se calculent, d'après la règle de l'art. 12, en prenant la différence entre les logarithmes du numérateur et du dénominateur de chaque fraction.

On voit que l'intervalle entre les sons n°^{s} 1 et 8 est de 12 demi-tons, ou une octave; le logarithme acoustique 12 correspond au rapport $\frac{2}{1}$ des nombres synchrones de vibrations donnés par l'octave.

Les intervalles partiels et leurs sommes réduits à 2 décimales, ou aux 100es de demi-tons, redonnent les nombres dont se composent les tableaux (D) et (C) n° 1; ainsi en désignant le son n° 1 par *ut*, les sons suivants se trouvent être ceux de l'échelle diatonique, et c'est ce rapprochement qui a déterminé le choix de l'exemple.

D'après l'intention de former un tableau de tous les intervalles successifs de l'échelle diatonique, j'ai mis de suite les rapports particuliers relatifs à chaque couple de sons successifs ; mais s'il ne s'était agi que d'avoir l'intervalle entre les sons n°ˢ 1 et 8, j'aurais pu abréger l'énonciation des produits complexes au moyen des puissances des rapports qui sont répétés ; ainsi le rapport entre les nombres synchrones de vibrations des cordes n°ˢ 1 et 8 peut s'écrire de la manière suivante

$$\frac{1}{1} \times \left(\frac{9}{8}\right)^3 \times \left(\frac{10}{9}\right)^2 \times \left(\frac{16}{15}\right)^2 \ldots \ldots (b),$$

et en appliquant à ce produit complexe les règles de l'art. 17, on trouvera qu'il représente, comme le produit (a), un intervalle de 12 demi-tons.

La somme des logarithmes vulgaires des facteurs de l'un ou de l'autre des produits complexes (a) et (b) est égale à 0,3010300 = log. 2, correspondant au logarithme du système acoustique dont la valeur est 12.

§ III.

Diverses applications des règles de calcul données dans le § précédent.

(20) J'ai lieu de penser que le lecteur ne verra pas sans quelque intérêt l'usage que je vais faire des règles de calcul données dans le § précédent, pour analyser et comparer différents systèmes d'échelles musicales diatoniques, chromatiques et enharmoniques.

Je vais d'abord faire voir comment les rapports par *quotients* des nombres de vibrations, transformés, au moyen de ces règles, en rapports par différences, donnent l'échelle chromatique du *tempérament égal*, qui, procédant par 12" parties d'octave, fournit un *étalon* très-commode de mesures *musicales*.

Il faut partir des faits bien constatés, 1° que deux cordes désignées par *ut* (1) et *ut* (2) sonnant l'octave l'une de l'autre, la corde *ut* (2), qui est supposée sonner l'octave aiguë, fait, pendant un même temps, deux fois autant de vibrations que la corde *ut* (1); 2° que si une 3º corde émet un son formant avec celui qui est rendu par la corde *ut* (1), un intervalle de n demi-tons, ou 12" d'octave, cette 3º corde fera un nombre $2^{\frac{n}{12}}$ de vibrations pendant que la corde *ut* (1) en fera une (le principe de la formation des tables de logarithmes acoustiques est, ainsi qu'on le verra, dans le § 4, lié à cette propriété).

Il suit de là que pendant la durée d'une vibration de la corde *ut* (1), les nombres de vibrations faites par les cordes émettant des sons qui forment, avec celui de cette corde *ut* (1), à l'aigu, les intervalles 0, 1, 2, 3, 4, etc., demi-tons (ou 12" d'octave) sont respectivement $2^{\frac{0}{12}}$, $2^{\frac{1}{12}}$, $2^{\frac{2}{12}}$, $2^{\frac{3}{12}}$, $2^{\frac{4}{12}}$, etc.: or, appliquant à ces nombres la règle de calcul de l'art. 17, et prenant les logarithmes dans la table (2), on trouve que les mesures vraies en demi-tons (ou 12" d'octave) des intervalles correspondants sont $\frac{0}{12}$ log. 2, $\frac{1}{12}$ log. 2, $\frac{2}{12}$ log. 2, $\frac{3}{12}$ log. 2, $\frac{4}{12}$ log. 2, etc., c'est-à-dire, d'après la valeur log. $2 = 12$, la suite des nombres naturels 0, 1, 2, 3, 4, etc., commençant à zéro, ou à la comparaison du son de la corde *ut* (1) avec lui-même, qui donne zéro d'intervalle *musical* (*).

(*) Voyez la 2ᵉ note de l'art. 3.

Ainsi voilà l'échelle chromatique du *tempérament égal*, ou l'*étalon* des mesures musicales *vraies*, lié aux phénomènes acoustiques ; j'ai donné, article 3, un tableau (B) des rapports par *quotients* de la partie diatonique de cette échelle dont voici la transformation en intervalles *vrais*, avec l'intercalation des sons chromatiques :

(E)....

ut	ut # ré ♭	ré	ré # mi ♭	mi	fa	fa # sol ♭	sol	sol # la ♭	la	la # si ♭	si	ut
d. 0	d. 1	d. 2	d. 3	d. 4	d. 5	d. 6	d. 7	d. 8	d. 9	d. 10	d. 11	d. 12

(21) Je passe à la transformation de l'échelle chromatique dont j'ai donné la partie diatonique dans les tableaux des articles 3, 6 et 7, et qui est assez ordinairement celle qu'on donne pour type dans les traités de musique ; voici comment les auteurs de ces traités en représentent les sons.

(F)....

ut	ut # ré ♭	ré	ré # mi ♭	mi	fa	fa # sol ♭	sol	sol # la ♭	la	la # si ♭	si	ut
1	$\frac{16}{15}$	$\frac{9}{8}$	$\frac{6}{5}$	$\frac{5}{4}$	$\frac{4}{3}$	$\sqrt{2}$	$\frac{3}{2}$	$\frac{8}{5}$	$\frac{5}{3}$	$\frac{16}{9}$	$\frac{15}{8}$	2

Un musicien, ayant ce tableau sur le pupitre de son fortepiano, accordé, suivant l'usage, d'après le *tempérament égal*, et constituant un *étalon* de mesure *musicale*, conforme à la partition (E) ci-dessus, non-seulement sera bien embarrassé de reconnaître dans quel sens une note de l'échelle (F) diffère (à l'aigu et au grave) de la note correspondante de son *étalon*, mais n'apercevra même pas s'il existe une différence entre ces notes. L'aspect des nombres $\frac{16}{15}$, $\frac{9}{8}$, $\sqrt{2}$, etc., ne lui fera certainement pas deviner que, sur un second instrument, accordé suivant la partition (F), et qui aurait les *ut* à l'unisson du sien l'*ut* ♯, le *ré*, le *ré*♯, le *sol* et le *sol* ♯, seraient plus hauts que les notes correspondantes de son clavier, le contraire ayant lieu pour les *mi, fa, la, si* ♭, et *si* ♮, et le seul *fa* ♯ étant (avec les *ut*) à l'unisson sur les deux instruments.

Les incertitudes seront promptement et bien facilement levées par l'emploi de la table (2) et des règles de calcul données dans le § précédent pour transformer en mesures *vraies* les notations symboliques établies sur des rapports de nombres de vibrations.

Je ne donnerai pas les détails des calculs que chacun pourra faire très-aisément d'après les explications données depuis l'art. (11) jusqu'à l'art. (17), et je vais reproduire le tableau (F) en substituant aux nombres symboliques placés au-dessous des notes les intervalles *vrais* entre chacune de ces notes et le *son fixe ut*, intervalles exprimés en demi-tons ou 12" d'octave; au-dessous de ces intervalles seront ceux qui existent dans le *tempérament égal*, et on pourra vérifier, à vue, l'exactitude de ce qui vient d'être dit sur les dissidences des deux partitions. J'ai écrit, au-dessus des nombres indicatifs des intervalles, les noms des deux notes qu'un instrument à clavier ordinaire, accordé suivant l'une ou l'autre des partitions 1 ou 2, est obligé de frapper sur la même touche; il sera question ci-après d'une échelle qui ne permet pas ce double emploi de touches.

	ut	ut ♯ ré ♭	ré	ré ♯ mi ♭	mi fa ♭	fa mi ♯	fa ♯ sol ♭	sol.	sol ♯ la ♭	la	la ♯ si ♭	si ut ♭	ut si ♯
(G)..... n° 1	0	d. 1,12	d. 2,04	d. 3,16	d. 3,86	d. 4,98	d. 6,00	d. 7,02	d. 8,14	d. 8,84	d. 9,96	d. 10,88	d. 12,00
n° 2	0	1,00	2,00	3,00	4,00	5,00	6,00	7,00	8,00	9,00	10,00	11,00	12,00

On reconnaît ici non seulement l'existence des différences ci-dessus indiquées, mais les valeurs *vraies* et exactes de ces différences; le tableau (G) les donne à la précision des 100⁰ˢ de demi-ton, ce qui est plus que suffisant, et on peut, si on veut, avec la table (2), les obtenir à la précision des dix millionièmes de demi-ton.

(21) J'ai observé, à l'art. 6, que les différences de 12, 14 et 16 centièmes de demi-ton, que présentent les deux partitions du tableau (G) entre les notes de même dénomination, blesseraient des oreilles délicates si deux instruments, respectivement accordés sur chacune de ces deux partitions, jouaient ensemble. Une pareille dissidence entre l'échelle établie de fait sur les instruments généralement employés pour l'accompagnement, et le système d'échelles musicales fournissant, dans les traités de musique, les données pour la discussion des accords, peut donner lieu à quelques observations qui trouveront leur place dans un autre écrit.

(22) Voici un tableau des intervalles partiels successifs entre les sons du tableau (G) n° 1, qui fera connaître les détails de sa constitution.

	ut	ut♯ / ré♭	ré	ré♯ / mi♭	mi	fa	fa♯ / sol♭	sol	sol♯ / la♭	la	la♯ / si♭	si	ut
(H)......		d. 1,12	d. 0,92	d. 1,12	d. 0,70	d. 1,12	d. 1,02	d. 1,02	d. 1,12	d. 0,70	d. 1,12	d. 0,92	d. 1,12

On remarquera qu'à partir du *fa♯* qui forme le point de partage de deux divisions égales de l'échelle, la série des intervalles partiels est la même, soit en descendant de droite à gauche depuis ce *fa♯* jusqu'au premier *ut*, soit en montant de gauche à droite depuis le même *fa♯* jusqu'au second *ut* à l'octave du premier.

Une symétrie analogue de différences de part et d'autre de *fa♯* existe entre les échelles n°ˢ 1 et 2 du tableau (G). Si on prend le n° 2 pour terme de comparaison, les différences entre les nombres superposés à droite du *fa♯* jusqu'au *si* inclusivement, sont — 0ᵈ·,02; — 0ᵈ·,14; + 0ᵈ·,16; + 0ᵈ·,04; + 0ᵈ·,12; et on trouve les mêmes différences, à gauche du *fa♯* jusqu'au *ré* exclusivement, mais avec des signes contraires, les deux premières étant positives et les trois dernières négatives.

(22) Il faut aussi faire attention à la forte inégalité qui existe dans le tableau (H) entre les plus petits et les plus grands intervalles chromatiques; les premiers sont mesurés par $\frac{70}{100}$ de demi-ton, et les autres par 1 demi-ton et $\frac{12}{100}$, la différence est de $\frac{42}{100}$ de demi-ton, elle est appréciable même aux oreilles peu exercées. Cette différence doit influer sur l'expression musicale; ainsi, par exemple, dans l'accord de sixte superflue *la♭*, *fa♯*, l'énergie de la résolution du *la♭* sur le *sol* est atté-

nuée par la distance d'environ $\frac{9}{8}$ de demi-ton qui affaiblit l'appel réciproque des deux notes.

Un appel analogue entre la note sensible et la tonique doit avoir un caractère différent dans le ton de *la* et dans celui de *mi*♭, l'intervalle *sol*♯, *la* étant sensiblement moindre que l'intervalle *re*, *mi*♭, etc. (1).

(23) On voit par ces rapprochements, et par d'autres qu'il serait aisé de faire, que les épithètes *majeur, mineur, superflu, diminué*, données à certains intervalles, ne leur supposent pas des valeurs fixes, invariables. Les tableaux (D) art. 7 et (H) art. 21, donnent aux intervalles appelés *ton majeur* et *demi-*

---

(1) Avant que les compositions musicales eussent perdu leur simplicité des xvie et xviie siècles, les facteurs employaient pour l'orgue et le clavecin, un mode d'accord particulièrement favorable à quelques modulations le plus en usage. A partir de l'*ut*, une suite de 4 quintes ascendantes affaiblies, dont la valeur moyenne était de $6^d,9657843$ (ou $6^d,97$), conduisaient à un *mi*, qui, ramené dans les limites de l'octave du son fixe, donnait, sur ce son, l'intervalle $3^d,8631371$ (ou $3,86$) de tierce juste. A partir de ce *mi*, 4 autres quintes ascendantes de même valeur moyenne que les précédentes, conduisaient à un *sol*♯ tierce juste du *mi*, et qui, ramené dans l'octave du son fixe, donnait l'intervalle $7^d,7262742$ (ou $7^d,73$); on avait ainsi les notes *ré, mi, fa*♯ ou *sol*♭, *sol, sol*♯ ou *la*♭, *la, si*, données par la suite des 8 quintes ascendantes. Revenant ensuite à l'*ut* son fixe, on descendait de 4 quintes fortes, dont chacune avait pour valeur moyenne $7^d,0684314$ (ou $7^d,07$), et on arrivait à un *la*♭ qui, ramené dans l'octave du son fixe, donnait, sur ce son, l'intervalle $7^d,7262742$ (ou $7^d,73$), c'est-à-dire se trouvait à l'unisson du *sol*♯, obtenu par les quintes ascendantes. Ces quintes descendantes fournissaient les notes *fa, si*♭ ou *la*♯, *mi*♭ ou *ré*♯, *la*♭ ou *sol*♯, et l'échelle chromatique se trouvait ainsi complétée. Je crois faire une chose agréable au lecteur, en lui fournissant les moyens

ton majeur, les valeurs respectives 2^{d},04 et 1^{d},82, aux intervalles appelés *ton mineur* et *demi-ton mineur* les valeurs respectives 1^{d},12 et 0^{d},70 ; mais ces valeurs non-seulement varient avec les divers systèmes de génération des échelles musicales, mais varient aussi dans une échelle donnée. L'échelle (H) art. 21, offre des demi-tons 1^{d},02 et 0^{d},92, *moyens* entre ceux ci-dessus désignés par les épithètes de *majeur* et *mineur*. L'échelle du *tempérament égal* (art. 20, tableau (E)), et une autre échelle dont il sera question ci-après, ont plus d'uniformité dans leur composition; mais la première (celle de l'art. 20) n'a d'autre intervalle donné par la résonnance

---

de comparer cette échelle avec l'échelle (G) n° 1 ; on a, en effectuant les calculs,

1° Intervalles à partir du son fixe *ut*:

	ut	ut♯ ré♭	ré	ré♯ mi♭	mi	fa	fa♯ sol♭	sol	sol♯ la♭	la	la♯ si♭	si	ut
Échelle (G) n° 1...	d. 0,00	d. 1,12	d. 2,04	d. 3,16	d. 3,86	d. 4,98	d. 6,00	d. 7,02	d. 8,14	d. 8,84	d. 9,96	d. 10,88	d. 12,00
Ancienne échelle..	0,00	0,76	1,93	2,79	3,86	4,93	5,79	6,97	7,73	8,90	9,86	10,83	12,00

2° Intervalles partiels :

	ut	ut♯ ré♭	ré	ré♯ mi♭	mi	fa	fa♯ sol♭	sol	sol♯ la♭	la	la♯ si♭	si	ut
Tableau (H).......	d. 1,12	d. 0,92	d. 1,12	d. 0,70	d. 1,12	d. 1,02	d. 1,02	d. 1,12	d. 0,70	d. 1,12	d. 0,92	d. 1,12	
Ancienne échelle...	0,76	1,17	0,86	1,07	1,07	0,86	1,17	0,76	1,17	0,97	0,97	1,17	

du corps sonore que l'octave; la seconde n'a que l'octave et la quinte.

Divers systèmes d'échelles peuvent offrir, dans une partie plus ou moins considérable, des combinaisons de sons qui les composent, des intervalles, des accords fournis par la résonnance du corps sonore; mais cette précieuse propriété ne peut pas s'étendre à toutes les combinaisons des sons, d'une même échelle diatonique, et à plus forte raison de ceux d'une échelle chromatique.

Les intervalles *naturels* de tierce mineure, tierce majeure, et quinte, sont, respectivement, en demi-ton, ou 12e d'octave 3$^{d.}$,16; 3$^{d.}$,86 et 7$^{d.}$,02. (Voyez l'art. 7.) Notre système *métrique* des intervalles fournit un moyen bien commode de connaître et de comparer l'altération que subissent ces intervalles *naturels* dans les divers accords parfaits majeurs et mineurs fournis par les notes de l'échelle du tableau (G) n° 1, art. 20. Voici le tableau de ces accords:

(46)

NOTES FONDAMENTALES.	ACCORDS PARFAITS MAJEURS.		QUINTES COMMUNES.	ACCORDS PARFAITS MINEURS.	
	TIERCES MAJEURES.	TIERCES MINEURES.		TIERCES MINEURES.	TIERCES MAJEURES.
ut............	3,86 d.	3,16 d.	7,02 d.	3,16 d.	3,86 d.
ut #, ré ♭......	3,86	3,16	7,02	2,74	4,28
re............	3,96	2,84	6,80	2,94	3,86
ré #, mi ♭......	3,86	2,94	6,80	2,84	3,96
mi............	4,28	2,74	7,02	3,16	3,86
fa............	3,86	3,16	7,02	3,16	3,86
fa #, sol ♭.....	3,96	3,16	7,12	2,84	4,28
sol...........	3,86	3,16	7,02	2,94	4,08
sol #, la ♭.....	3,86	3,16	7,02	2,74	4,28
la............	4,28	2,74	7,02	3,16	3,86
la #, si ♭......	4,08	2,94	7,02	3,16	3,86
si............	4,28	2,84	7,12	3,16	3,96

(I) (*)...

(*) On déduit les nombres du tableau (I) de ceux du tableau (G) n° 1, art. 20, par de simples soustractions; ainsi, pour avoir les intervalles qui constituent l'accord parfait majeur *mi, sol #, si*, on dit *sol #*, $8^d,14 - mi$, $3^d,86 = 4^d,28 = $ 1ʳᵉ tierce *mi, sol#*; ensuite *si*, $10^d,88 - sol\#$, $8^d,14 = 2^d,74 = $ 2ᵉ tierce *sol#, si*; la quinte *mi, si* = somme des deux tierces $= 7^d,02$. Il pourra arriver qu'une ou deux notes de l'accord se trouvent en dehors du tableau; dans ce cas, on emploiera les nombres de ces notes, dans le tableau, augmentés de 12. Soit l'accord *si, ré #, fa #*, on aura les 3 nombres *si*, $10^d,88$; *ré #*, ($12^d + 3^d,16 = 15^d,16$); *fa #* ($12^d + 6^d,00 = 18^d,00$), et on opérera sur $10^d,88$, $15^d,16$; et $18^d,90$, comme on a fait sur $3^d,86$; $8^d,14$ et $10^d,88$.

Comparant les accords parfaits majeurs et mineurs de ce tableau avec ceux de la fondamentale *ut*, qui occupent la ligne supérieure, et qui émanent de la résonnance du corps sonore, on voit que les plus grandes dissidences de quinte sont données en moins par les accords sur *ré* et *mi*♭ et égales à $\frac{22}{100}$ de demi-ton. Les quintes sur *fa*♯ et *si* pèchent par excès de $\frac{10}{100}$ de demi-ton : toutes les autres quintes sont justes. Les tierces offrent des anomalies beaucoup plus fortes, quoique, pour les exigences de l'oreille, elles aient besoin, *en harmonie*, d'être plus justes que les quintes. Plusieurs tierces majeures de $4^d.28$ excèdent la tierce majeure naturelle de $\frac{42}{100}$ de demi-ton. La même dissidence se trouve, mais en sens contraire, dans quatre tierces mineures, qui donnent $2^d.,74$, au lieu de $3^d.,16$.

Le *tempérament égal* donne toutes ses tierces majeures de $4^d.,00$, ses tierces mineures de $3^d.,00$, et ses quintes de $7^d.,00$, différant des intervalles naturels, respectivement, de $+\frac{14}{100}$, $-\frac{16}{100}$ et $-\frac{2}{100}$ de demi-ton, ou 12e d'octave. Les quintes sont sensiblement justes ; malheureusement la forte altération porte, en général, sur les tierces, et aucune modulation n'y échappe.

(24) Les rapprochements qui précèdent n'ont pas du tout, pour objet, de motiver des préférences entre les différents systèmes d'échelles chromatiques. Mon intention unique, en les donnant, est, ainsi que j'en ai prévenu, de bien faire sentir les avantages et la commodité des procédés de calculs

exposés dans la présente instruction pour des examens quelconques relatifs aux intervalles musicaux.

Un de ces examens les plus curieux est celui de l'échelle enharmonique dont il va être question, et qui est engendrée par une série de quintes justes.

Il faut d'abord avoir, par rapport au *son fixe* de départ, que je suppose être l'*ut* de la clef d'*ut*, les mesures *vraies* de tous les intervalles, soit ascendants, soit descendants, formés par les sons donnant les quintes successives. Les quintes ascendantes correspondent aux notes *sol, ré, la, mi, si, fa♯, ut♯, sol♯, ré♯, la♯, mi♯, si♯*; et les quintes descendantes correspondent aux notes *fa, si♭, mi♭, la♭, ré♭, sol♭, ut♭, fa♭*. Je m'arrête dans chaque série à l'intervalle au-delà duquel il faudrait employer les doubles dièzes ou les doubles bémols. Les notes de cette seconde série peuvent être obtenues par une série de quartes ascendantes; et c'est ce mode de calcul que je vais indiquer.

1° *Quintes ascendantes.* Le rapport, *par quotient*, des sons *sol* et *ut*, considéré quant aux nombres synchrones de vibrations des cordes qui les font entendre, est $\frac{3}{2}$; conséquemment le *ré* donnera $\left(\frac{3}{2}\right)^2$, le *la* donnera $\left(\frac{3}{2}\right)^3$, et ainsi de suite jusqu'au *si♯* qui donnera $\left(\frac{3}{2}\right)^{12}$. Il faut donc, pour avoir les valeurs *vraies* des intervalles correspondants à ces puissances successives de $\frac{3}{2}$, calculer d'abord par la table 2 (je suppose qu'on prend le demi-ton ou 12ᵉ d'octave pour unité d'intervalle), le logarithme acoustique de $\frac{3}{2}$, qui (art 12) est égal à

$19^{d.},01955 - 12^{d.},00000 = 7^{d.},01955 = $ l'intervalle *vrai* entre le *son fixe* de départ *ut* et le *sol* donnant sa 1ère quinte (*) et les mesures *vraies* des intervalles entre le son de départ et les sons donnant les quintes successives 2e, 3e, 4e..... 12e, seront les produits de l'intervalle premier 7$^{d.}$,01955 par les nombres 2, 3, 4..... 12, conformément aux règles données § (2) art. 17; la table de ces produits se construit aisément par des additions successives.

2° *Quartes ascendantes*. Le rapport *par quotient* du son qui donne la première quarte ascendante, à partir du son fixe, considéré quant aux nombres synchrones de vibrations des cordes sonores, est $\frac{4}{3}$; on trouve (table 2) le logarithme acoustique de ce rapport $= 24,00000 - 19,01955 = 4^{d.},98045$; faisant, sur ce logarithme, les mêmes opérations qui ont été ci-dessus prescrites pour le logarithme de $\frac{3}{2}$, mais qui, dans ce second cas, ne s'étendent que jusqu'à log. $\left(\frac{4}{3}\right)^8$, on a les mesures vraies, en demi-tons ou 12es d'octave de tous les intervalles successifs formés par la série des quartes ascendantes.

Lorsque les deux séries d'intervalles de quintes et quartes ascendantes sont ainsi calculées, il faut ramener ces intervalles dans les limites de l'octave du *son fixe ut*, de départ, en se conformant à ce qui est prescrit, § II, art. 18, et on a

---

(*) La valeur 7^d,02, donnée à l'intervalle juste de quinte, dans les tableaux (C) n° 1, art. 6, et (G) n° 1, art. 20, quoique réduite à 2 décimales, ne diffère pas de la valeur rigoureuse de $\frac{1}{2000}$ de demi-ton.

une échelle diatonique, chromatique et enharmonique, composée de 22 sons, y compris le *son fixe* de départ, sa réplique à l'octave, et le *si#*, qui dépasse l'octave, ce qui donne 21 intervalles. Ce serait abuser de la patience du lecteur que de placer ici les détails du calcul arithmétique; chacun pourra le faire avec la plus grande facilité, au moyen des explications précédemment données ; et je vais présenter, de suite, le tableau de la nouvelle échelle, en plaçant les sons qu'elle renferme au-dessous des sons de même dénomination des échelles chromatiques n°^{s} 1 et 2 du tableau (G), art. 20.

(K)....

	ut	ré b	ut #	ré	mi b	ré #	fa b	mi	fa	mi #	sol b	fa #
	d.	d.	d.	d.	d.	d.	d.	d.	d.	d.	d.	d.
n° 1...	0,00	1,00	1,00	2,00	3,00	3,00	4,00	4,00	5,00	5,00	6,00	6,00
n° 2...	0,00	1,12	1,12	2,04	3,16	3,16	3,86	3,86	4,98	4,98	6,00	6,00
n° 3...	0,00	0,90	1,14	2,04	2,94	3,18	3,84	4,08	4,98	5,22	5,88	6,12

	fa #	sol	la b	sol #	la	si b	la #	ut b	si	ut	si #
	d.	d.	d.	d.	d.	d.	d.	d.	d.	d.	d.
n° 1...	6,00	7,00	8,00	8,00	9,00	10,00	11,00	11,00	11,00	12,00	12,00
n° 2...	6,00	7,02	8,14	8,14	8,84	9,96	9,96	10,88	10,88	12,00	12,00
n° 3...	6,12	7,02	7,92	8,16	9,06	9,96	10,20	10,86	11,10	12,00	12,23

(*Nota.* La ligne n° 1 donne l'échelle du *tempérament égal;* la ligne n° 2 donne l'échelle (G) n° 1, art. 20, et la ligne n° 3 donne l'échelle enharmonique engendrée par une série de quintes justes) (*).

(*) J'ai parlé dans le § (1), art. 1, d'une échelle enharmonique que

(25) Voilà l'examen, l'analyse de l'échelle enharmonique donnée par une suite de quintes justes, rendus bien faciles par l'emploi des logarithmes acoustiques. Le bon abbé Roussier regardait cette génération par quintes justes, comme ayant servi de base à la formation des échelles musicales, égyptienne, grecque, chinoise, etc., et comme devant être adoptée par les modernes, exclusivement à toute autre; je parlerai, ci-après, art. 28, d'un clavecin dont il avait dirigé la construction et qui était accordé suivant la partition du tableau (K) n° 3,

---

J.-J. Rousseau dit avoir calculée, et que j'ai citée comme exemple d'une erreur due vraisemblablement à l'embarras et à l'obscurité du mode ordinaire de représentation des intervalles; la planche L de son Dictionnaire de musique contient deux échelles chromatiques de M. Malcolm, sur chacune desquelles sont inscrits les 12 intervalles partiels, représentés par des rapports de longueur; prenant les rapports inverses pour calculer d'après les nombres synchrones de vibrations, composant les rapports et opérant d'après les règles données art. 19, on trouve pour valeur des nombres synchrones de vibrations entre les deux *ut* extrêmes de la première échelle, $\left(\frac{16}{15}\right)^7 \times \left(\frac{135}{128}\right)^3 \times \left(\frac{25}{24}\right)^2 = 2$. Les facteurs de la deuxième échelle sont $\left(\frac{17}{16}\right)^3 \times \left(\frac{18}{17}\right)^3 \times \left(\frac{19}{18}\right)^2 \times \left(\frac{20}{19}\right)^2 \times \left(\frac{16}{15}\right)^2 = 2$; et on a log. *acoustique* $2 = 12^d$. Ces deux échelles donnent exactement l'octave entre les sons extrêmes; on peut voir à l'article *Échelle* du Dictionnaire de musique, les observations de J. J. Rousseau sur leur composition. Passant à son échelle enharmonique, fig. 3 de la planche L, et inversant les 19 rapports partiels de longueur, on trouve le rapport entre les nombres synchrones de vibrations des sons extrêmes, exprimé par le produit composé des facteurs $\left(\frac{25}{24}\right)^{12} \times \left(\frac{625}{576}\right)^3 \times \left(\frac{128}{125}\right)^4 = \left(\frac{25}{24}\right)^{18} \times \left(\frac{128}{125}\right)^4 = 2{,}292544$: on voit déjà que la somme des intervalles partiels entre les *ut* extrêmes excède sensiblement l'octave; pour avoir la valeur *vraie* de cet

le nombre des touches étant augmenté en conséquence; Roussier représentait, suivant l'usage des auteurs de traités de musique,

excès, on prendra, dans la table 2, les logarithmes acoustiques des facteurs, et on aura

$12 \log. \text{ac.} \left(\frac{25}{24}\right) = 8^d,480691$

$3 \log. \text{ac.} \left(\frac{625}{576}\right) = 4,240345$

$4 \log. \text{ac.} \left(\frac{128}{125}\right) = 1,642354$

somme $= 14^d,363390$

Les nombres du deuxième facteur rentreront dans les limites de la table 2, en observant que $\frac{625}{576} = \left(\frac{25}{24}\right)^2$; ainsi le produit des deux premiers facteurs $= \left(\frac{25}{24}\right)^{18}$.

L'octave se trouve dépassée, par la somme des intervalles partiels, de $2^d,36$; si Jean-Jacques avait connu les logarithmes acoustiques, il se serait bientôt aperçu de son erreur et aurait vu qu'elle tenait au rapport $\frac{625}{576}$ par lequel il représente les intervalles *ut♯ re♭, fa♯ sol♭* et *la♯ si♭*; en voyant le logarithme acoustique de ce rapport $\frac{625}{576}$, égal à $1^d,4134484$ (ou $1^d,41$), intervalle inadmissible entre les notes ci-dessus désignées, il aurait facilement trouvé le rapport à lui substituer; ce rapport est $\frac{648}{625}$ $= \frac{2^3 \times 3^4}{5^4}$, et correspondant à un intervalle $= 0^d,62$ qui se trouve dans les limites convenables, et n'est pas la moitié de celui du Dictionnaire: faisant la preuve, on a $3 \log. \text{ac.} \left(\frac{648}{625}\right) = 1^d,876955$, logarithme qui, mis à la place de $4^d,240345$, entre le 1er et le 3e de ceux qu'on a additionnés ci-dessus, rend la nouvelle somme exactement égale à 12^d; la correction à faire à l'échelle de J.-J. consiste, ainsi, dans la substitution de $\frac{625}{648}$ à $\frac{576}{625}$ (rapports de longueurs) dans chacune des trois places où se trouve le rapport erroné.

(53)

les sons par les nombres synchrones de vibration des cordes sonores, ce qui, dans les cas analogues à celui du tableau (K) n° 3, exige des élévations aux puissances, et il a couvert le papier d'une quantité énorme de chiffres, qui ne font pas ressortir, à beaucoup près, les conséquences qu'il a voulu en tirer, aussi nettement, aussi rigoureusement que la seule ligne n° 3 du tableau (K).

Un des intervalles inscrit sur cette ligne n° 3, celui de tierce majeure, comparé à l'intervalle correspondant inscrit sur la ligne n° 2, offre un exemple bien connu du vice de l'énonciation des intervalles par les rapports des nombres synchrones de vibrations; le rapport de vibration qui donne cette tierce majeure est $\frac{3^4}{2^6} = \frac{81}{64}$; et celui qui donne la tierce naturelle est $\frac{5}{4}$, ou $\frac{80}{64}$; on désigne, d'après ce résultat, la différence entre les deux tierces par celle des nombres 80 et 81, ce qui est tout-à-fait insignifiant, et induit en erreur, quand il s'agit d'*intervalles musicaux;* la mesure *vraie* et *musicale* de la différence entre la tierce résultante d'une série de quintes justes et la tierce naturelle est donnée par la différence des logarithmes acoustiques de $\frac{81}{64}$ et de $\frac{80}{64}$, c'est-à-dire qu'elle a, table 2, pour valeur $4,0782 - 3,8631 = 0,2151$ ou $\frac{22}{100}$ de demi-ton en se bornant aux deux décimales inscrites dans les lignes 2 et 3 du tableau (K), qui donnent, pour la différence dont il s'agit, $4,08 - 3,86 = 0^d,22$.

(26) J'ai parlé, par anticipation, à l'art. 23, de l'uniformité de composition de l'échelle n° 3 du tableau (K); les intervalles de même espèce y sont tous égaux à quelque son ou point de

départ qu'on les rapporte ; cette propriété résulte nécessairement de ce que, en partant d'un son quelconque, tous les intervalles entre ce son et chacun de ceux qui entrent dans la composition de l'échelle, se dérivent généralement d'une suite de quintes justes. Ainsi, tous les intervalles de seconde comme *ut*, *ré* ; *ré*, *mi*, *mi*, *fa*♯, etc., sont donnés par deux quintes justes ascendantes ; les intervalles de tierces mineures par trois quintes justes descendantes, ou trois quartes ascendantes ; entre une note et la même note *diézée*, on trouve sept quintes ascendantes, le même nombre de quintes descendantes ou de quartes ascendantes existe entre une note et la même note *bémolisée*, la note bécarre étant, bien entendu, prise pour point de départ, etc., etc. Il est presque superflu de dire que tous les intervalles donnés par les répliques de quintes sont censés (art. 18) ramenés dans les limites de l'octave du son de départ.

(27) L'analyse détaillée de l'échelle n° 3 du tableau (K) pouvant être de quelque intérêt pour ceux qui réunissent le goût de l'art à celui de la science, je vais donner un tableau de cette échelle, où se trouveront les différences offrant la succession des intervalles partiels chromatiques et enharmoniques entre chaque note et celle qui la précède, et mettant en évidence des propriétés caractéristiques de cette échelle. Les tableaux (D) art. 7, et (H) art. 22, avaient une destination semblable : le premier, pour les intervalles diatoniques, le deuxième, pour les intervalles chromatiques. L'unité d'intervalle est toujours le 12e d'octave ; le logarithme acoustique de $\frac{3}{2}$, sur les multiples duquel la table est formée, n'ayant que cinq décimales significatives, j'ai jugé convenable de les laisser, mais on pourra n'en lire que deux.

INDICATIONS des NOTES.	INTERVALLES A COMPTER DE l'*ut* son fixe.	DIFFÉRENCES ou intervalles PARTIELS.	INDICATIONS des NOTES.	INTERVALLES A COMPTER DE l'*ut* son fixe.	DIFFÉRENCES ou intervalles PARTIELS.
ut.....	d. 0,00000		fa ♯....	d. 6,11730	
ré ♭....	0,90225	d. 0,90225	sol.....	7,01955	d. 0,90225
ut ♯....	1,13685	0,23460	la ♭....	7,92180	0,90225
ré.....	2,03910	0,90225	sol ♯...	8,15640	0,23460
mi ♭...	2,94135	0,90225	la......	9,05865	0,90225
ré ♯...	3,17595	0,23460	si ♭....	9,96090	0,90225
fa ♭....	3,84360	0,66765	la ♯....	10,19550	0,23460
mi.....	4,07820	0,23460	ut ♭....	10,86315	0,66765
fa.....	4,98045	0,90225	si......	11,09775	0,23460
mi ♯...	5,21505	0,23460	ut.....	12,00000	0,90225
sol ♭...	5,88270	0,66765	si ♯....	12,23460	0,23460
fa ♯....	6,11730	0,23460	ré ♭....	12,90225	0,66765

(L)....

Les intervalles de tons entiers, comme *ut ré, ré mi*, etc., sont de $2^d,0391$; les distances d'une note, soit au dièze de l'inférieure, soit au bémol de la supérieure, sont de $0^d,90225$; ces derniers intervalles partiels sont plus contractés que ceux qu'on pourrait leur assimiler dans le tableau (H), art. 22, et dont la valeur est $1^d,12$; la différence est de $0^d,22$. D'une autre part, ce tableau (H) donne $0^d,70$ entre *ré♯* et *mi, sol♯* et *la*, tandis que le tableau (L) conserve son intervalle régulier de $0^d,90$ entre les mêmes notes, plus fort que l'intervalle $0^d,70$ de $\frac{20}{100}$ de demi-ton. Mais laissant ces observations de détail, que chacun pourra multiplier à volonté avec le secours des tableaux précédemment donnés, je vais, en terminant ce 3ᵉ §, entretenir le lecteur d'une propriété caractéristique de l'échelle du tableau (L) digne d'attention.

(28) On est frappé, à l'aspect de ce tableau, des dispositions respectives, entre deux notes distantes d'un ton, du dièze de l'inférieure, et du bémol de la supérieure. Le dièze est plus haut que le bémol d'environ $\frac{1}{4}$ de demi-ton (0ᵈ,2346). Cette répartition d'intervalles est incompatible avec l'emploi des claviers ordinaires, sur lesquels la même touche sonne le dièze de la touche à gauche et le bémol de la touche à droite. J'ai vu et entendu autrefois un clavecin que La Borde avait fait construire d'après les instructions de Roussier, et sur lequel chacune des notes du tableau (L) avait sa touche particulière; l'instrument accordé à quintes parfaitement justes, rendait très-sensibles les intervalles du *ré*♭ à l'*ut*♯, du *mi*♭ au *ré*♯, etc. Quand on ne faisait entendre, avec ce système, que de la mélodie sans harmonie, les *appels* et les *solutions* procédant par demi-tons, dans les sens convenables, étaient énergiques; mais dès qu'on y joignait de l'harmonie, la dureté des tierces blessait l'oreille; ce sentiment pénible était surtout produit par les accords parfaits que les harmoniques de la corde sonore donnent immédiatement; l'oreille s'accommodait mieux des accords plus complexes, tels que la septième diminuée, la sixte superflue, qui même bien préparés, n'étaient pas sans effet; ce qui tient à l'énergie des *appels* et des *solutions* dont j'ai parlé plus haut.

(29) Je ne crois pas qu'il ait été construit un instrument à

clavier enharmonique, autre que celui dont je viens de parler; les difficultés du *toucher* en rendaient l'usage impraticable; mais cette lacune dans les moyens d'exécution, par claviers, a été remplie, avec tout le succès désirable, dans les instruments à cordes *pincées*, par un homme de génie dont les amis des arts regrettent vivement la perte récente, M. le chevalier Sébastien Erard. Sa harpe à *double accrochement*, ordinairement désignée par le nom de harpe à *double mouvement*, satisfait aux conditions exigées pour une échelle enharmonique, au moyen de deux crans ou arrêts sur lesquels chaque pédale peut être successivement fixée; ce *double accrochement* est rendu praticable par un mécanisme aussi simple qu'ingénieux; chaque corde, représentative de trois sons, donne ainsi le bémol à vide, le bécarre au *premier accrochement* et le dièze au *second accrochement;* les détails du mécanisme sont arrangés de manière qu'on peut disposer l'instrument soit pour l'accord à *tempérament égal*, soit pour tout autre système de tempérament, et dans aucun cas (sauf celui des doubles dièzes ou doubles bémols) on ne se trouve obligé d'employer le dièze de la corde inférieure pour remplacer le bémol de la supérieure, et réciproquement; le doigté d'un trait donné est, ainsi, absolument indépendant de l'armature de la clef, qui peut porter depuis 7 dièzes jusqu'à 7 bémols sans que cette armature ait la moindre influence sur la difficulté de l'exécution, etc., etc. (*).

(*) J'ai fait, au mois d'avril 1815, un rapport très-circonstancié, sur cette harpe, aux sections de l'Institut royal de France des *Sciences mathématiques et physiques* et des *Beaux-Arts;* et j'ai publié postérieurement, à l'occasion de la création d'un professorat de harpe au Conservatoire de

§ IV.

Formules analytiques donnant les rapports entre les nombres synchrones de vibrations des cordes sonores et les intervalles musicaux correspondants à ces nombres; application de ces formules au calcul des tables de logarithmes acoustiques; progressions harmoniques.

(30) Ce 4ᵉ § est rédigé en faveur de ceux des lecteurs qui ont fait quelques études, simplement élémentaires, de la par-

---

musique, une note sur ses avantages relatifs et à l'exécution musicale et à l'étude de l'harmonie : après avoir, dès l'origine de l'invention, examiné très-soigneusement le mécanisme adapté à l'instrument, j'ai pu par une longue expérience reconnaître que ce mécanisme remplissait également bien et les conditions musicales et celles de la solidité. Une harpe, à double *accrochement* ou *mouvement*, que je possède depuis un grand nombre d'années, est encore dans le même état de jeu qu'à l'époque de sa construction; j'ajouterai que les hommes sujets à éprouver des fatigues de tête, par l'exercice journalier de la pensée, s'ils ont quelque connaissance, quelque habitude de l'harmonie et de l'exécution musicale, trouvent dans la harpe une ressource de délassement qu'un autre instrument ne leur procurerait pas; de simples accords, quelques sons *ossianiques*, que le silence de la nuit rend si expressifs, amènent le calme, préparent le repos, assurent un sommeil doux et tranquille : ces effets tiennent au timbre de la fibre animale dont l'action sur nos organes ne peut pas être remplacée par le son de la corde métallique : d'antiques traditions attestent des prodiges physiologiques opérés avec des harpes qui, certainement, ne valaient pas celles d'Erard, et des faits, à ma parfaite connaissance, me donnent lieu de penser que ces traditions ne sont pas mensongères.

A propos de sons *ossianiques*, je ne puis m'empêcher de dire un mot du regret que j'éprouve, et qui est partagé par beaucoup d'amateurs de

tie de l'analyse algébrique relative aux fonctions exponentielles et logarithmiques; ils y trouveront des formules générales pour déterminer immédiatement et sans le secours des tables (1) et (2), les intervalles correspondants à des nombres synchrones de vibrations, ou réciproquement, et suppléer, au besoin, ces mêmes tables, si leur étendue ne suffisait pas à certains calculs qu'on aurait à faire.

Une des premières qualités que l'éducation musicale donne à l'oreille, est celle de la perception de l'égalité entre des intervalles musicaux. Cette éducation n'est même pas nécessaire pour l'unisson et l'octave; l'oreille ne peut les méconnaître qu'à raison d'un vice d'organisation. Quant aux intervalles de

---

l'expression musicale, en voyant les harpistes d'aujourd'hui dénaturer un instrument enchanteur, lui faire perdre le charme qui lui est propre en l'assujétissant à rendre des difficultés auxquelles son *organe naturel* se refuse; j'ai entendu un très-beau concerto de Hummel, exécuté sur la harpe par un artiste d'un talent distingué, et écouté par une assemblée choisie avec une désolante froideur. Il est affligeant de voir la harpe, transformée en forte-piano insignifiant, neutraliser ainsi le génie musical par le défaut de discernement du musicien exécutant. J'ajouterai qu'une des qualités bien précieuses de cet instrument, celle d'être éminemment propre à accompagner la voix, se trouve totalement négligée depuis 30 ou 40 ans; il est vrai que, par des spéculations mercantiles, les graveurs mettent ordinairement, sur les titres des accompagnements, les mots *forte-piano* et *harpe* à la suite l'un de l'autre; mais il est aisé de voir que les auteurs de ces accompagnements ne connaissent, en général, que le forte-piano, et ne savent pas comment on pourrait tirer parti des ressources instrumentales qu'offre la harpe. Les recueils d'accompagnements de harpe, pour le chant, étaient très-multipliés vers la fin du siècle dernier, trop sans doute; leur totale disparition n'en est pas moins une lacune dans les jouissances musicales.

8.

quarte et quinte, les instrumentistes de la plus basse classe perçoivent et effectuent leurs successions entre plusieurs cordes, dans l'accord de leurs guitares, mandolines, violons, etc. En général, un musicien à qui on fera entendre deux sons à un certain intervalle musical l'un de l'autre, pourra aisément, en partant d'un 3ᵉ son donné, entonner, soit avec la voix, soit avec un instrument *libre*, un 4ᵉ son formant avec le 3ᵉ le même intervalle qui existe entre les deux premiers.

Le phénomène acoustique, duquel résulte cette égalité d'intervalles, est l'égalité des rapports entre les nombres synchrones des vibrations des cordes numérotées 1, 2, 3 et 4. Supposons que les cordes nᵒ 1 et nᵒ 2 fassent pendant un temps t des nombres respectifs n' et n'' de vibrations, et que les cordes nᵒ 3 et nᵒ 4 fassent pendant un même temps T des nombres respectifs de vibrations N' et N''; l'intervalle entre les sons des cordes nᵒˢ 1 et 2 sera égal à l'intervalle entre les sons des cordes nᵒˢ 3 et 4, si on a $\frac{n'}{n''} = \frac{N'}{N''}$.

(31) Il suit de là que si plusieurs cordes numérotées 0, 1, 2, 3, 4, 5, etc., sont tendues de manière à faire les nombres synchrones respectifs de vibrations,

$$na^{\frac{0}{k}}; na^{\frac{1}{k}}; na^{\frac{2}{k}}; na^{\frac{3}{k}}; na^{\frac{4}{k}}; \ldots na^{\frac{k}{k}}; \ldots na^{\frac{m}{k}}; na^{\frac{m+1}{k}}; \text{etc} \ldots \ldots (1),$$

un même intervalle musical existera entre les sons de deux quelconques de ces cordes, dont les numéros ne différeront que d'une unité, le rapport constant par quotient entre deux termes consécutifs de la série précédente étant celui de $1 : a^{\frac{1}{k}}$.

(32) Je nommerai *unité d'intervalle*, cet intervalle commun, et *son fixe*, le son rendu par la corde n° 0, celle qui fait un nombre de vibrations $= n a^{\frac{0}{k}} = n$, synchrone avec $n a^{\frac{1}{k}}$, $n a^{\frac{2}{k}}$, $n a^{\frac{3}{k}}$, etc.

Je remarque ensuite que cette unité d'intervalle résulte de la sous-division en un nombre k de parties égales de l'intervalle entre le *son fixe* et le son de la corde n° k, celle qui fait le nombre de vibrations $n a^{\frac{k}{k}}$, ou $n a$, synchrone avec le nombre n de vibrations de la corde *son fixe*: cette remarque aura bientôt une application importante.

(33) L'intervalle entre le *son fixe* et le son de la corde d'un numéro quelconque m, sera donc égal à l'unité d'intervalle répétée autant de fois qu'il y a d'unités numériques dans m, ce qui revient à dire qu'on aura, pour mesure *vraie* de cet intervalle, le numérateur de l'exposant fractionnaire de a, dans le terme de la série (1) de l'art. 31, qui donne le nombre synchrone de vibrations faites par cette corde numéro m.

De plus, ce mode de mesure n'est pas applicable seulement aux valeurs de m en nombres entiers; on peut concevoir des nombres fractionnaires intercalés entre m et $m+1$, et croissant par différences égales, ou finies ou infiniment petites. Soit $m + \omega$ un de ces nombres (on a $\omega < 1$), le terme $n a^{\frac{m+\omega}{k}}$, dont le rapport par quotient avec $n a^{\frac{m}{k}}$ est $a^{\frac{\omega}{k}}$, se rapportera à un son dont l'intervalle avec le son fixe se composera de l'intervalle m, en nombre entier d'unités d'intervalle, plus la fraction ω d'unité d'intervalle.

Soit l'indice général d'intervalle $m + \omega = \mu =$ un nombre quelconque entier ou fractionnaire, que je suppose d'abord positif; le terme $n a^{\frac{\mu}{k}}$ appartiendra à un son, formant avec le *son fixe* un intervalle composé d'un nombre d'unités d'intervalle et de fractions de cette unité égal à la valeur de μ.

(34) La série (1) de l'art. 31 se trouve ainsi assujettie à la loi de continuité; on peut, sans limiter la généralité de cette série, supposer $n = 1$, et $a^{\frac{\mu}{k}}$ sera le nombre de vibrations faites par la corde à laquelle ce terme général de la série appartient, pendant que la corde rendant le *son fixe* fait une vibration.

Désignant par ρ ce nombre synchrone de vibrations, sa relation avec l'intervalle musical correspondant sera donnée par l'équation

$$\rho = a^{\frac{\mu}{k}} \ldots (2),$$

de laquelle on déduit, pour faciliter les applications numériques, et en désignant par log. v les logarithmes tabulaires usuels ou vulgaires,

$$\mu \log. \text{v.} \; a. = k. \log. \text{v.} \; \rho \ldots (3).$$

Cette équation ne donne pas seulement l'intervalle entre un son donné et le *son fixe*, on en déduit aussi l'intervalle entre deux sons quelconques produits par des nombres synchrones de vibrations. Soient ρ' et ρ'' ces nombres, μ' et μ'' les intervalles correspondants rapportés au *son fixe*, on aura (équation (2)),

$$\rho' = a^{\frac{\mu'}{k}}, \rho'' = a^{\frac{\mu''}{k}};$$

d'où

$$\frac{\rho''}{\rho'} = a^{\frac{\mu''-\mu'}{k}} \dots (4),$$

et par suite,

$$(\mu''-\mu') \log.\text{v}. a = k \log.\text{v}. \left(\frac{\rho''}{\rho'}\right) \dots (5)$$

On pourra ainsi calculer immédiatement l'intervalle $\mu''-\mu'$ entre les sons correspondants aux nombres synchrones donnés de vibrations ρ' et ρ'', sans avoir besoin de connaître les valeurs particulières de μ' et μ''; et réciproquement, si l'intervalle musical entre les deux sons est donné, on en déduira le rapport $\frac{\rho''}{\rho'}$ des nombres synchrones de vibrations.

(35) J'ai considéré particulièrement, dans l'établissement de l'équation $\rho = a^{\frac{\mu}{k}}$, le cas des intervalles ascendants à partir du *son fixe*, c'est-à-dire le cas des valeurs positives de μ; mais cette formule, qui établit la loi de continuité entre les termes de la série (1), art. 31, est applicable aux valeurs de μ, tant positives que négatives, et il faut seulement savoir ce que désignent ces dernières valeurs.

Si on suppose la série (1), art. 31, prolongée à gauche et à partir de $na^{\frac{0}{k}}$ par la suite des termes

$$na^{\frac{0}{k}}; na^{\frac{-1}{k}}; na^{\frac{-2}{k}}; na^{\frac{-3}{k}}; na^{\frac{-4}{k}}, \text{etc.},$$

le rapport par quotient de chacun de ces termes avec le terme immédiatement suivant sera $a^{\frac{1}{k}}$; donc, si ces termes, y compris le premier $na^{\frac{0}{k}}$, sont les valeurs de nombres synchrones de vibrations de cordes sonores, on pourra faire sur les intervalles musicaux des sons rendus par ces cordes au grave du *son fixe*, les mêmes raisonnements appliqués aux sons rendus à l'aigu de ce *son fixe*, et la formule $\rho = a^{\frac{\mu}{k}}$ énoncera une loi générale du système de ces sons, en donnant à l'indice μ le signe convenable dans chaque cas particulier.

(36) Représentant par $\rho_{,}$ et $\rho_{,,}$ des nombres de vibrations synchrones entre eux et avec celles de la corde *son fixe*, supposant $\rho_{,} > \rho_{,,}$, et désignant par $\mu_{,}$ et $\mu_{,,}$ les intervalles correspondants, on aura

$$\rho_{,} = a^{\frac{-\mu_{,}}{k}} ; \rho_{,,} = a^{\frac{-\mu_{,,}}{k}},$$

d'où

$$\frac{\rho_{,}}{\rho_{,,}} = a^{\frac{\mu_{,,} - \mu_{,}}{k}} \ldots \ldots (6)$$

L'exposant $\frac{\mu_{,,} - \mu_{,}}{k}$ est positif, parce que l'hypothèse $\rho_{,} > \rho_{,,}$ suppose que le son de la corde qui vibre $\rho_{,,}$ est plus grave, et conséquemment séparé du *son fixe* par un plus grand intervalle que le son qui vibre $\rho_{,}$. L'équation (6) est à l'égard des sons plus graves que le *son fixe*, ce qu'est l'équation (4) à l'égard des sons plus aigus que ce *son fixe*.

S'il s'agit de comparer deux sons, l'un plus aigu que le *son fixe*, l'autre plus grave, respectivement produits par les nombres synchrones ρ' et ρ, de vibrations, qui donnent les intervalles μ' et μ, avec le son fixe ; on aura

$$\rho' = a^{\frac{\mu'}{k}}, \quad \rho_{,} = a^{\frac{-\mu_{,}}{k}},$$

d'où

$$\frac{\rho'}{\rho_{,}} = a^{\frac{\mu' + \mu_{,}}{k}} \ldots (7).$$

L'intervalle $\mu' + \mu_{,}$ entre les deux sons est la somme des intervalles respectifs entre chacun d'eux et le son fixe.

(37) Je passe à la formation des tables des *logarithmes acoustiques*.

Cette formation s'effectue au moyen de l'équation $\rho = a^{\frac{\mu}{k}}$, donnée article 33, dans laquelle, attribuant à ρ les valeurs successives 1, 2, 3, 4, etc., on place ces valeurs en regard avec les valeurs correspondantes de μ; les secondes sont les *logarithmes acoustiques* des premières.

Une détermination préalable, fort importante, est celle de la quantité constante $a^{\frac{1}{k}}$, ou de la *base* du système logarithmique ; $a^{\frac{1}{k}}$ est la valeur de ρ correspondant à $\mu = 1$, celle qui donne le nombre de vibrations d'où résulte le son à l'unité d'intervalle du *son fixe* ; il est convenable et même nécessaire que cette unité d'intervalle ait, avec l'intervalle d'octave, un rapport très-simple et adapté aux habitudes musicales. L'octave peut, dans le classement des intervalles, être mise au même rang que l'unisson, avec lequel elle est quelquefois confondue, même par des oreilles exercées (*), et on a deux partis à prendre remplissant l'un et l'autre les conditions demandées, savoir :

1° Celui de prendre, pour unité d'intervalle, l'octave elle-même, auquel cas on a $a=2$ et $k=1$, l'équation $\rho=a^{\frac{\mu}{k}}$ devenant

$$\rho=2^{\mu}\ldots\ldots(8)$$

La table N° 1 est calculée d'après cette formule ; la colonne *Nombres* contient les valeurs successives de ρ, et la colonne *Logarithmes acoustiques* contient les valeurs correspondantes de μ.

2° Celui de prendre, pour unité d'intervalle, le demi-ton du *tempérament égal*, ou le 12ᵉ d'octave, auquel cas on a $a=2$, et $k=12$, l'équation $\rho=a^{\frac{\mu}{k}}$, dans laquelle on a

$$a^{\frac{1}{k}}=2^{\frac{1}{12}}=1,05946\ 30943\ 59,$$

(*) La confusion a lieu particulièrement pour les voix ; j'ai été consulté sur cette matière, il y a quelques années, à propos d'une dissidence d'opinions entre quelques membres du Conservatoire de Musique de Paris ; j'adressai à un de MM. les professeurs une note contenant diverses observations, et dans laquelle je me plaignais de la substitution qu'on fait fréquemment de la clef de *sol* à la clef d'*ut*, pour écrire les chants de voix d'hommes ; ces chants se trouvent, ainsi notés, une octave plus haut qu'ils ne sont réellement chantés.

prenant la forme

$$\rho = 2^{\frac{\lambda}{12}} \ldots (9)$$

Cette seconde forme est mieux adaptée aux habitudes musicales que la précédente; un intervalle est plus aisément conçu, exprimé en demi-tons qu'en octaves et fractions d'octave, soit ordinaires, soit décimales; on se procure encore, en prenant le 12ᵉ d'octave pour unité d'intervalle, un second avantage, celui d'avoir, dans les instruments à touche, accordés suivant le *tempérament égal*, des *étalons* de mesures musicales.

La table 2 est calculée d'après la formule (9); la colonne *Nombres* contient, comme dans la table 1, les valeurs successives de ρ, et la colonne *Logarithmes acoustiques* contient les valeurs correspondantes de λ.

Il existe entre les systèmes logarithmiques donnés par les formules (8) et (9) une relation qui rend le calcul d'une des tables 1 ou 2 fort aisé, lorsque celui de l'autre est exécuté. Les logarithmes acoustiques de la table 2 sont duo-décuples des logarithmes de la table 1, correspondants aux mêmes nombres; on voit, en effet, que, pour une même valeur de ρ, dans les équations $\rho = 2^{\mu}$ et $\rho = 2^{\frac{\lambda}{12}}$, on a $2^{\mu} = 2^{\frac{\lambda}{12}}$, d'où $\lambda = 12\mu$.

(38) Les tables originales, desquelles les tables de logarithmes acoustiques 1 et 2 sont extraites, ont été calculées à 15 et 20 décimales, à l'époque où j'étais occupé de la confection des grandes Tables logarithmiques et trigonométriques, formant 18 vol. grand in-fol., déposés à l'Observatoire royal de Paris.

J'avais employé, pour tous ces calculs, la méthode *manufacturière* des différences, et 150 ou 200 calculateurs, à qui il suffisait de savoir les deux premières règles de l'arithmétique, remplissaient les pages de mes in-folio (*). Cette méthode des différences n'est pas nécessaire dans le cas dont il s'agit ici, parce qu'on n'aura jamais à calculer des tables de logarithmes acoustiques d'une grande étendue; mais si on se trouve dans le cas de faire quelques calculs isolés, on emploiera les valeurs numériques qui suivent.

1º TABLE I.

Nota. Les caractéristiques au-dessus desquelles on voit le signe — sont négatives, mais la partie décimale, à droite de la virgule, est positive.

$$\rho = 2^\mu; \quad \log.v.\rho = \mu.\log.v.2; \quad \mu = \frac{1}{\log.v.2} \cdot \log.v.\rho.$$

$\text{Log. v. } 2 = 0,30102\ 99956\ 63981 = p,$

$\dfrac{1}{\text{Log.v. }2} = 3,32192\ 80948\ 87362 = p',$

$\text{Log. v. } p = \overline{1},47860\ 97723\ 45675,$

$\text{Log. v. } p' = 0,52139\ 02276\ 54325,$

(*) Voyez, sur mes grandes Tables logarithmiques et trigonométriques, le rapport fait par Lagrange, Laplace et Delambre, et inséré dans le tome V des Mémoires de l'Institut de France. J'ai publié diverses notices sur ces tables; l'une desquelles a été lue à la séance publique de l'Académie royale des Sciences du 7 juin 1824.

2° TABLE II.

$$\rho = 2^{\frac{\lambda}{12}}; \log.\text{v}.\rho = \lambda\left(\frac{1}{12}\cdot\log.\text{v}.2\right); \lambda = \frac{1}{\frac{1}{12}\log.\text{v}.2}\cdot\log.\text{v}.\rho,$$

$$\frac{1}{12}\log.\text{v}.2 = 0{,}02508\ 58329\ 71998 = q,$$

$$\frac{1}{\frac{1}{12}\cdot\log.\text{v}.2} = 39{,}86313\ 71386\ 48348 = q',$$

$$\text{Log. v. } q = \bar{2}{,}39942\ 85262\ 98050,$$
$$\text{Log. v. } q' = 1{,}60057\ 14737\ 01950,$$

J'ai donné, en faveur de quelques amateurs de chiffres, ces coefficients et leurs logarithmes, avec un nombre de décimales surpassant de beaucoup celui qui, en général, sera nécessaire pour les usages ordinaires. Chacun pourra s'arrêter à l'ordre de décimale convenable, d'après le degré d'exactitude qu'il voudra obtenir.

(39) En définitive, on a, pour transformer les logarithmes tabulaires usuels en logarithmes acoustiques, et réciproquement,

Table I..... $\text{Log.v.}\rho = p\mu\ldots\ \mu = p'\log.\text{v}.\rho\ldots$ (10)
Table II.... $\text{Log.v.}\rho = q\lambda\ldots\ \lambda = q'\log.\text{v}.\rho\ldots$ (11)

Les valeurs de p, p', q, q' et celles de leurs logarithmes usuels sont données dans l'article précédent.

(40) *Exemples de l'emploi des formules relatives à la table I.*

1° On demande le rapport des nombres synchrones de vibrations, qui donne un intervalle musical de $4^{\text{octav.}},9542$.

Formule $\log.v.\rho = p.\mu$; $\mu = 4,9542$.

$$\text{Log. v. } \mu = 0,6949735$$
$$\text{Log. v. } p = \overline{1},4786098$$
$$\text{Somme} = 0,1735833. = \log. v. 1,49136.$$

On a log. v. $\rho = 1,49136$, d'où $\rho = 31$; c'est le nombre écrit dans la colonne *Nombres* de la table 1, vis-à-vis le logarithme acoustique $4,9542$. Ainsi lorsque l'intervalle entre deux sons est de $4^{\text{octav.}},9542$, la corde sonore, émettant le son aigu, fait 31 vibrations synchrones avec une vibration de l'autre corde.

2° Les nombres synchrones de vibrations de deux cordes étant dans le rapport de $137:111$, trouver la valeur de l'intervalle entre les sons rendus par ces deux cordes.

Formule $\mu = p' \log.v.\rho$; $\rho = \frac{137}{111}$.

$$\text{Log. v. } 137 = 2,1367206$$
$$\text{Log. v. } 111 = 2,0453230$$
$$\text{Différence} = \log. v. \rho \quad 0,0913976$$
$$\text{Log. v. } 0,0913976. = \overline{2},9609348$$
$$\text{Log. v. } p' = 0,5213902$$
$$\text{Log. v. } \mu = \overline{1},4823250$$
$$\text{Intervalle cherché} = \mu = 0,303616\overset{\text{octave}}{2}$$

Cette valeur de μ, calculée immédiatement, est précisément celle qu'on trouve table 1, en retranchant du logarithme acoustique de 137 celui de 111.

(41) *Exemples de l'emploi des formules relatives à la table II.*

1° On demande le rapport des nombres synchrones de vibrations, qui donne un intervalle de $2^d,0391$.

Formule log. v. $\rho = q . \lambda$; $\lambda = 2,0391$.

$$\text{Log. v.} \lambda = 0,3094385$$
$$\text{Log. v.} q = \bar{2},3994285$$
$$\text{Somme} = \bar{2},7088670 = \text{log. v.} 0,0511525.$$

Log. v. $\rho = 0,0511525$, d'où $\rho = 1,125 = 1\frac{1}{8} = \frac{9}{8}$; 9 et 8 sont les nombres synchrones des vibrations donnant le *ré* et l'*ut*, le *si* et le *la*, de l'échelle du tableau (A), art. 3 ; et l'intervalle $\lambda = 2^d,0391$ se trouve en retranchant, table II, du logarithme acoustique de 9 celui de 8 ; cet intervalle est inscrit $2^d,04$ dans les tableaux (C), n° 1, art. 6, et (D), art. 7.

2° Les nombres synchrones de vibrations de deux cordes étant dans le rapport de 7:1, trouver la valeur de l'intervalle entre les sons rendus par ces cordes.

Formule $\lambda = q' \log. v. \rho$; $\rho = 7$.

$$\text{Log. v.} \rho = 0,8450980$$
$$\text{Log. v.} 0,845098 = \bar{1},9269072$$
$$\text{Log. v.} q' = 1,6005715$$
$$\text{Log. v.} \lambda = 1,5274787$$

Intervalle cherché $\lambda = 33^d,68826$

c'est la valeur du logarithme acoustique qu'on trouve, table II, à côté du nombre 7.

(42.) Cet intervalle $33^d,69$ est digne de remarque; une corde d'une tension déterminée étant supposée donner le *son fixe* *ut*, le son rendu par la 7e partie de cette corde formera, avec le premier, ce même intervalle $33^d,69$, qui, ramené dans l'octave de l'*ut* de départ, devient $9^d,69$, supérieur de $0^d,69$, et inférieur de $0^d,31$, respectivement au *la* et au *si* ♭ du *tempérament égal*. La plus grande différence entre les sons de même dénomination, dans les échelles ci-devant analysées, a été trouvée de $0^d,22$, et la trop forte anomalie du son à l'intervalle $9^d,69$, son que je désignerai par ϭ, l'a fait exclure de notre diapason musical.

Cependant ce ϭ, ou *si* ♭ *déprimé*, que nos oreilles trouvent faux, est compris dans les *harmoniques* du corps sonore; le cor *libre*, en *ut*, le sonne naturellement. On sait que la corde aérienne donne d'abord les deux sons extrêmes *ut*, *ut* de l'octave, au grave; puis, les trois sons *ut*, *sol*, *ut*, de la 2e octave; les cinq sons *ut*, *mi*, *sol*, ϭ, *ut*, de la 3e octave, etc., c'est-à-dire la série *ut*, *ut*, *sol*, *ut*, *mi*, *sol*, ϭ, *ut*, etc. Or ces huit premiers sons se trouvent être précisément ceux dont les intervalles avec l'*ut* grave de départ ont pour valeurs les huit premiers logarithmes acoustiques des tables 1 et 2; et une continuation de la série des *harmoniques* en aurait une correspondante dans la série des logarithmes : ces rapprochements fournissent matière à quelques développements qui pourront intéresser le lecteur.

(43) Si, aux nombres synchrones de vibrations correspondants à chacun des logarithmes acoustiques ci-dessus indi-

qués, on substitue les rapports de longueurs des sous-divisions de la corde vibrante avec sa longueur totale, on aura la série $\frac{1}{1}, \frac{1}{2}, \frac{1}{3}, \frac{1}{4}, \frac{1}{5}, \frac{1}{6}, \frac{1}{8}$, etc., que ses propriétés relatives à l'acoustique ont fait nommer *progression harmonique;* tous les nombres compris dans la colonne *Nombres* de chacune des tables 1 et 2, sont les dénominateurs de fractions ayant 1 pour numérateur commun, et désignant les fractions de la corde totale qui rendent les sons dont les intervalles, avec le premier son de la table, sont représentés par les logarithmes acoustiques respectivement correspondants. Je vais donner quelques détails analytiques sur ce qui concerne cette *progression harmonique.*

La suite des fractions $\frac{1}{1}, \frac{1}{2}, \frac{1}{3}$, etc., est un cas particulier d'une espèce de série dont voici la propriété caractéristique : soit une suite de nombres

$$a_1, a_2, a_3, a_4, \ldots\ldots a_x, a_{x+1}, a_{x+2}, \text{etc.},$$

liés entre eux de telle manière que partout où l'on prendra trois termes consécutifs, comme seraient a_x, a_{x+1}, a_{x+2}, ces nombres donnent la proportion

$$a_x : a_{x+2} :: (a_x - a_{x+1}) : (a_{x+1} - a_{x+2}),$$

d'où l'on tire,

$$a_{x+2} = \frac{a_x a_{x+1}}{2 a_x - a_{x+1}} \ldots\ldots (\alpha)$$

Cette série sera la *progression harmonique* prise dans l'acception la plus générale; chacun de ses termes est donné par les deux termes qui le précèdent, ce qui la met dans la classe de celles qu'on appelle *récurrentes*.

Désignant les deux premiers termes par a_1 et a_2, le terme général a_x sera une fonction de ces deux premiers termes, et du numéro x on aura :

$$a_x = \frac{a_1 a_2}{(x-1)(a_1 - a_2) + a_2} \ \ldots\ (6)$$

La série $\frac{1}{1}, \frac{1}{2}, \frac{1}{3}, \frac{1}{4}$, etc., satisfait aux équations (α) et (6); car, prenant trois termes consécutifs, $\frac{1}{x}, \frac{1}{x+1}, \frac{1}{x+2}$, si on forme l'équation

$$\frac{1}{x+2} = \frac{\frac{1}{x} \cdot \frac{1}{x+1}}{\frac{2}{x} - \frac{1}{x+1}},$$

correspondante à (α), on la trouvera identique; la même identité aura lieu pour l'équation

$$\frac{1}{x} = \frac{\frac{1}{1} \cdot \frac{1}{2}}{(x-1)\left(\frac{1}{1} - \frac{1}{2}\right) + \frac{1}{2}}$$

correspondante à (6).

Si on continue la série des *harmoniques* depuis $\frac{1}{8}$ jusqu'à $\frac{1}{16}$, et qu'on prenne, table 2, les logarithmes acoustiques des intervalles entre les sons consécutifs et celui qui est rendu par $\frac{1}{8}$ de longueur, on aura l'échelle

(75)

(M)...
^{d} ut, 0,00	^{d} ré, 2,04	^{d} mi, 3,86	^{d} φα, 5,51	^{d} sol, 7,02	^{d} λα, 8,41	^{d} σι, 9,69	^{d} si, 10,88	^{d} ut, 12,0

qui est une espèce d'échelle diatonique où l'on retrouve les notes *ré, mi, sol, si,* de l'échelle n° 2 du tableau (K), art. 24. Les notes désignées par φα, λα et σι, sont, respectivement, à 0^d,53 au-dessus, 0^d,43 au-dessous, et 0^d,27 au-dessous, du *fa,* du *la* et du *si* ♭ de la même échelle du tableau (K).

Continuant encore la série des *harmoniques,* depuis $\frac{1}{16}$ jusqu'à $\frac{1}{32}$, on a une nouvelle octave divisée en 16 parties, dont les intervalles, à compter du son rendu par le $\frac{1}{16}$ de la corde, sont, table 2,

(N)...
^{d} ut, 0,00	^{d} 1,05	^{d} ré, 2,04	^{d} 2,98	^{d} mi, 3,86	^{d} 4,71	^{d} φα, 5,51	^{d} 6,28	^{d} sol, 7,02
^{d} sol, 7,02	^{d} 7,73	^{d} λα, 8,41	^{d} 9,06	^{d} σι, 9,69	^{d} 10,30	^{d} si, 10,88	^{d} 11,45	^{d} ut, 12,00

Cette échelle peut être assimilée à une échelle chromatique, quoique les intervalles partiels y soient très-sensiblement différents de ceux qui existent entre les notes des échelles du tableau (K).

L'octave qui suit l'échelle (N) est comprise entre les *harmoniques* $\frac{1}{32}$ et $\frac{1}{64}$; cette octave est divisée en trente-deux parties, et constitue ainsi une espèce d'échelle enharmonique; on aura les intervalles entre les sons de cette échelle et le son

(76)

rendu par $\frac{1}{32}$ de la corde, en retranchant 60 de tous les logarithmes acoustiques, depuis celui de 32 jusqu'à celui de 64.

(44) On peut remarquer que les sons de l'échelle (M) se retrouvent tous parmi ceux de l'échelle (N) aux 1re, 3e, 5e, 7e, 9e, etc., cases. Il en serait de même de l'échelle (N) par rapport à l'échelle dite *enharmonique*, qu'on formerait entre les sons rendus par le $\frac{1}{32}$ et le $\frac{1}{64}$ de la corde. Il est aisé de vérifier, d'une manière générale, cette propriété du système logarithmique *binaire*, qui a son analogue dans un système logarithmique quelconque.

Soit 2^n un des nombres de la colonne *Nombres* d'une des tables 1 ou 2; on aura, en commençant par ce terme 2^n, la suite de nombres et de logarithmes acoustiques correspondants qui complètent l'étendue d'une octave; et en prenant la table 2 pour exemple,

(O)...

Nombres.	$0+2^n$	$1+2^n$	$2+2^n$	$3+2^n$	.....
log. ac.	$q'\log.\mathrm{v}.2^n$	$q'\log.\mathrm{v}.(1+2^n)$	$q'\log.\mathrm{v}.(2+2^n)$	$q'\log.\mathrm{v}.(3+2^n)$	.....
Nombres.	$h+2^n$	....	2^{n+1}		
log. ac.	$q'\log.\mathrm{v}.(h+2^n)$	....	$q'\log.\mathrm{v}.2^{n+1}$		

si on veut compter les intervalles, à partir des premiers termes de ces deux suites, il faudra diviser tous les termes de la première suite par 2^n, et retrancher $q'\log.\mathrm{v}.2^n$ de tous les termes de la 2e suite, et ces deux suites deviendront

(P)...
Nombres.	1	$2^{\frac{1}{n}}+1$	$\frac{2}{2^n}+1$	$\frac{3}{2^n}+1$	.....
log. ac.	0	$q'\log.\text{v.}\left(\frac{1}{2^n}+1\right)$	$q'\log.\text{v.}\left(\frac{2}{2^n}+1\right)$	$q'\log.\text{v.}\left(\frac{3}{2^n}+1\right)$	.....

Nombres.	$\frac{h}{2^n}+1$	....	2.
log. ac.	$q'\log.\text{v.}\left(\frac{h}{2^n}+1\right)$	....	$q'\log.\text{v.}2$

Qu'on fasse maintenant les mêmes opérations dans l'étendue de l'octave comprise entre 2^{n+1} et 2^{n+2}, laquelle est sous-divisée en un nombre d'intervalles double du nombre de ceux qui partagent l'octave 2^n et 2^{n+1}, un terme quelconque de numéro pair de la nouvelle série logarithmique pourra être représenté par

$$q'\log.\text{ v.}\left(\frac{2h}{2^{n+1}}+1\right)=q'\log.\text{ v.}\left(\frac{h}{2^n}+1\right),$$

correspondant au nombre synchrone

$$\frac{2h}{2^{n+1}}+1=\frac{h}{2^n}+1;$$

on voit que les termes pris de deux en deux dans les séries formées entre 2^{n+1} et 2^{n+2} seront identiques avec les termes consécutifs des séries (P). Des séries analogues, formées entre 2^{n+2} et 2^{n+3}, donneraient les identités de 4 en 4, et ainsi de suite.

Il suit de ce qui précède que si la série des logarithmes acoustiques est distribuée en une suite d'octaves, commen-

(78)

çant chacune par 0, l'une quelconque de ces octaves renfermera tous les termes de celles qui la précèdent : j'ai dit que cette propriété du système logarithmique *binaire* avait son analogue dans un système logarithmique quelconque ; ainsi, par exemple, la série des logarithmes vulgaires de 10000 à 100000 renferme (abstraction faite des caractéristiques) tous les logarithmes de 1000 à 10000, de 100 à 1000, de 10 à 100, de 1 à 10. Si on voulait former une table de logarithmes acoustiques très-étendue, il suffirait de calculer la dernière octave, qui donnerait toutes les autres au moyen de modifications des caractéristiques qui se feraient à vue.

(45) Ces suites d'octaves, successivement divisées en 8, 16, 32, 64, etc., parties, qu'offre la table de logarithmes acoustiques, rendraient cette table fort utile pour préciser les examens relatifs aux échelles musicales anciennes et à des échelles de peuples modernes qui renferment des intervalles plus petits que le demi-ton ; les intervalles *partiels* varient dans chacune de ces octaves et diminuent graduellement depuis le premier jusqu'au dernier. Pour avoir la valeur générale de ces variations, considérons l'échelle comprise entre les nombres synchrones 2^n et 2^{n+1} ; et soient ε et $\varepsilon+1$, les numéros de deux intervalles consécutifs, numéros comptés à partir du son correspondant à 2^n ; l'excès du 2e intervalle sur le 1er, ou l'intervalle *partiel*, aura pour valeur (table 2),

$$q' \log. v. \left(1 + \frac{1}{\varepsilon + 2^n}\right) (*),$$

───────────────

(*) L'équation (5) de l'art. 34, appliquée au cas de la table 2, donne

quantité qui diminue lorque ε augmente; si, prenant pour exemple l'échelle comprise entre les nombres synchrones 64 et 128, ce qui suppose $n=6$, et $2^n=64$, on fait, dans la formule précédente, $\varepsilon=0$, et $\varepsilon=63$, la première valeur de ε donnera

$$q' \log. \text{v.} \left(1 + \frac{1}{64}\right) = 0^d,2684138,$$

et la deuxième valeur de ε donnera

$$q' \log. \text{v.} \left(1 + \frac{1}{63+64}\right) = 0^d,1357838;$$

résultats conformes à ce que donnent, dans la table 2, les différences entre les logarithmes acoustiques de 65 et 64, de 128 et 127.

(46) On a fait quelques tentatives pour former un système musical des échelles successives données par la série des logarithmes acoustiques; ces logarithmes n'ont pas été mentionnés, et cependant ils auraient pu être d'une grande ressource pour l'examen du système proposé; mais on représentait les sons par les termes de la progression harmonique, $\frac{1}{1}, \frac{1}{2}, \frac{1}{3}, \frac{1}{4}$, etc., dont les dénominateurs sont les nombres synchrones des

---

$$\lambda'' - \lambda' = \frac{k}{\log. \text{v.} a} \log. \text{v.} \left(\frac{\rho''}{\rho'}\right) = q' \log. \text{v.} \left(\frac{\rho''}{\rho'}\right);$$

faisant $\rho' = 2^n + \varepsilon$, $\rho'' = 2^n + \varepsilon + 1$, on a

$$\lambda'' - \lambda' = q' \log. \text{v.} \left(\frac{2^n + \varepsilon + 1}{2^n + \varepsilon}\right) = q' \log. \text{v.} \left(1 + \frac{1}{2^n + \varepsilon}\right)$$

tables 1 et 2. Les premiers de ces termes étant manifestement compris dans la résonnance du corps sonore, on en concluait qu'ils étaient tous donnés par la nature, et que le nombre et la variété de leurs échelles offraient des ressources sans bornes au génie musical; ainsi la petitesse des intervalles *partiels* admissibles n'était point limitée. On a vu, à l'article précédent, que ces intervalles, dans les derniers sons de l'échelle comprise entre 64 et 128, se réduisaient à 0^d, 14, un peu moins de $\frac{1}{7}$ de demi-ton.

Le système dont je parle a été présenté avec détail par M. l'abbé *Jamard*, chanoine de Sainte-Geneviève, dans un ouvrage publié en 1769, et ayant pour titre : *Recherches sur la théorie de la musique*. On lit dans cet ouvrage, pages 222 et 223, les phrases suivantes : « Nous ne craignons pas de « dire que toute suite de sons, dont les expressions seront « une progression harmonique, telle que le premier terme « sera double du dernier, formera l'échelle d'un mode parti-« culier, qui prendra son nom de la note qui répondra au « premier terme de la progression : or, comme tous les nom-« bres possibles peuvent chacun devenir le premier terme « d'une progression harmonique, il s'ensuit qu'il peut y « avoir une *infinité de modes* dans le sens où nous prenons « le mode majeur et le mode mineur; ce que l'on peut déduire « légitimement de la formation de ces deux modes. Si la na-« ture offre au peintre une infinité de couleurs différentes, « pour qu'il puisse traiter tous les tableaux qui existent dans « son imagination, elle offre de même au musicien une *infi-« nité de modes différents* pour qu'il puisse exprimer les diffé-« rents sentiments dont il peut être affecté. »

L'esprit de système, et, à ce qu'il paraît, une imagination exaltée, ont égaré M. l'abbé Jamard ; mais ses rêveries sont agréables à lire (*).

(*) Les lecteurs qui auront accordé quelque attention aux quatre premiers § de mon *instruction élémentaire*, pourront juger si j'ai bien réalisé la promesse de mettre les procédés, par lesquels on obtient les *mesures vraies* des intervalles musicaux et la théorie de ces procédés, à la portée, soit de ceux qui ne savent que les premières règles de l'arithmétique, soit de ceux qui n'ont étudié que les éléments du calcul algébrique. Le seul genre de mérite que je me permettrai de réclamer d'avance, en faveur de cet opuscule, est celui d'être le premier où la matière qui en fait l'objet soit mise en corps de doctrine régulier et complet, présentée avec tous les développements qu'exigent les applications musicales. D'après la connaissance que j'ai de ce qui a été publié jusqu'à présent en musique, je ne découvrirais pas sans étonnement l'existence d'un traité ou mémoire qui pût remplacer le mien.

Cependant les logarithmes, que j'ai appelés *acoustiques*, ont été signalés, depuis long-temps, par de célèbres théoriciens; il y a près d'un siècle que le grand géomètre *Léonard Euler* en a fait quelque usage dans son *Tentamen novæ Theoriæ musicæ*, etc., *Petropoli*, 1739, où il a donné, page 103, les huit premiers logarithmes de la table 1. On trouve, dans le volume de 1774 (imprimé en 1776) de l'Académie de Berlin, un mémoire de *Lambert*, intitulé *Remarques sur le tempérament en musique*, où des *mesures vraies* d'intervalles, en 12es d'octave, sont employées. Les logarithmes se trouvent aussi mentionnés dans quelques autres publications sur les théories musicales ; mais on chercherait vainement, dans tout ce qui a été mis au jour sur ces théories, même l'intention d'une exposition raisonnée qu'on puisse assimiler aux traités que nous avons sur l'arithmétique, la géométrie, etc. Les tables qui sont les *instruments d'évaluation* (les tables 1 et 2), sont indiquées dans *Euler* et *Lambert*, mais n'y sont pas données ; ce qui est relatif tant à l'emploi qu'à la composition de ces

§ V.

Formules analytiques relatives à l'acoustique musicale; applications aux instruments de musique, à la détermination du son fixe, aux tuyaux d'orgues ouverts; moyen proposé pour avoir, sur le forte-piano, l'étendue entière des sons admissibles en musique; orgue expressif de Sébastien Erard.

(47) Les détails qui suivent sont extraits de la section IV de la IIe partie de ma *Mécanique analytique;* j'ai donné, dans cet ouvrage, depuis l'art. 1236 jusqu'à l'art. 1261, une solution analytique générale du problème de la corde vibrante, et les applications de cette solution à plusieurs questions d'acoustique musicale, parmi lesquelles se trouve celle de la détermination du *son fixe*.

Voici la signification des lettres qui entrent dans les formules :

a = longueur de la corde entre les points fixes.

p = poids de la corde entre les mêmes points fixes.

Π = poids de la corde sous l'unité de longueur.

k = poids de la matière de la corde sous l'unité de volume.

r = rayon de la corde.

---

instruments de calcul paraît, pour la première fois, dans les quatre § que termine la présente note.

Je m'estimerais heureux si la tâche que j'ai essayé de remplir pouvait, en introduisant quelques améliorations dans les études et les discussions musicales, profiter à l'art enchanteur auquel j'ai dû, dans le cours de ma longue vie, tant de jouissances et de consolations.

P = le poids mesurant la tension de la corde.

n = nombre de vibrations de la corde pendant une seconde, prise pour unité de temps.

τ = durée d'une vibration de la corde.

j = intervalle musical exprimé en 12^n d'octave, entre les sons de deux cordes à l'une desquelles se rapporteraient les quantités a, p, et P, ci-dessus définies; les quantités analogues, relatives à l'autre corde, étant $a_,$, $p_,$ et $P_,$.

g = force accélératrice due à la pesanteur = $9^{\text{mèt.}}, 8088$, à la latitude de Paris. Log. $g = 0{,}9916157$.

π = demi-circonférence qui a l'unité pour rayon = $3{,}14159$; Log. $\pi = 0{,}4971499$.

On a les relations qui suivent entre les quantités ci-dessus définies.

$$\Pi = \pi k r^2; \tau = \sqrt{\frac{ap}{gP}} = a\sqrt{\frac{\Pi}{gP}} = ar\sqrt{\frac{\pi k}{gP}} \ldots (1)$$

$$n = \frac{1}{\tau} = \sqrt{\frac{gP}{ap}} = \frac{\sqrt{gP}}{a\sqrt{\Pi}} = \frac{\sqrt{gP}}{ar\sqrt{\pi k}} \ldots (2)$$

$$\text{Log. } P = \log.\left(\frac{ap}{a_,p_,}P_,\right) \pm j\log.\left(2^{\frac{1}{6}}\right) = \log.\left(\frac{ap}{a_,p_,}P_,\right) \pm j\Omega \ldots (3)$$

(Le signe log. indique des logarithmes vulgaires).

$$\Omega = 0{,}05017\ 16659\ 43997.$$

Dans le cas où une même corde de longueur donnée est successivement tendue par les poids P et $P_,$, l'équation (3) devient

$$\text{Log. } P = \log. P_, \pm j\Omega \ldots (4)$$

Les signes + et — du terme $j\,\Omega$ s'appliquent, respectivement, aux cas où le son dû à la tension P est plus aigu ou plus grave que le son dû à la tension P, (*).

a étant la longueur initiale d'une corde sonore, qui sous une tension déterminée donne un son pareillement déterminé, quand elle vibre sur toute cette longueur a; si la corde, conservant sa tension, est raccourcie par un chevalet mobile, ou autre moyen analogue, de manière à vibrer successivement sur différentes longueurs désignées par la variable z; il y aura, pour chaque valeur de z, un intervalle j entre le son rendu sous cette longueur et le son rendu sous la longueur a: prenant le 12e d'octave pour unité d'intervalle, on a la relation suivante entre z et j:

$$\text{Log } z = \log. a - \frac{1}{12} j \log. 2 = \log. a - \omega j \ldots \ldots (5)$$
$$\omega = 0{,}02508\ 58329\ 71998 = \frac{1}{2}\Omega.$$

(*) J'ai lieu de penser que les équations (3) et (4) sont données ici pour la première fois.

Voici une formule que je n'ai point insérée dans le texte, parce qu'elle est de pure curiosité : ξ étant la longueur du pendule dont les oscillations sont synchrones aux vibrations de la corde sonore, on a

$$\xi = \frac{g}{\pi^2 n^2} = \frac{a p}{\pi^2 P}$$

La construction d'un semblable pendule n'est pas praticable, sa plus grande longueur n'atteignant pas un millimètre; en effet, si on applique la formule précédente au son le plus grave de notre échelle musicale, celui que rend le tuyau d'orgue appelé par les facteurs le 32 *pieds*, qui donne 32 vibrations par seconde, on trouve $\xi = 0^{\text{mill.}}{,}97$; et tout autre cas, pris dans notre échelle musicale, donnerait une longueur plus petite.

(85)

(48) Les équations (4) et (5) de l'article précédent peuvent avoir des applications utiles pour des déterminations relatives à l'acoustique musicale. Par la première, étant donnée, la tension initiale $P_{,}$ d'une corde qui conserve une longueur constante, on détermine les poids P, ou $P_{,} \pm m$, dont il faut successivement composer la charge *totale* de la corde sous les tensions variables P, pour obtenir des intervalles donnés entre les sons de la corde, sous ces tensions variables, et le son initial sous la tension $P_{,}$. Par la seconde, la tension restant constante, on détermine les longueurs successives, correspondantes à des intervalles donnés entre le son de la corde raccourcie et le son de la corde sous la longueur initiale.

PREMIER EXEMPLE; *application de la formule* (4).

La corde, sous une tension initiale de 3000 grammes $= P_{,}$, donnant le son *ut*, on veut connaître le poids P qui lui fera donner le son *la* de l'échelle (G), n° 2, art. 20, ou (K), n° 2, art. 24. Ce son *la* est coté sur les deux tableaux (G) et (K), $8,84 = j$, ou, si on veut deux décimales de plus, en calculant j immédiatement d'après le tableau (F), art. 20, on aura $j = 8^{d},8436$, et l'équation (4) deviendra

$$\text{Log. } P = \log. 3000 + 8,8436 \times 0,05017\,2,$$

et, effectuant le calcul,

$$\begin{array}{l} 8,8437 \times 0,05017\,2 = 0,44370 \\ \text{Log. } 3000 \ldots\ldots = 3,47712 \\ \hline \text{Somme} = \log. P \ldots\ldots = 3,92082 \quad P = 833,4 \text{ grammes.} \end{array}$$

Le *la*, $9^{d},0000$ de l'échelle du tempérament égal, exigerait

(86)

un poids de 8485 grammes, et le *la*, 9ᵈ, 05865 de l'échelle enharmonique (L), art. 27, en exigerait un de 8543 grammes.

DEUXIÈME EXEMPLE ; *application de la formule* (5).

La longueur initiale de la corde est de 602 millimèt. $= a$; quelle est la portion de cette corde qui donnera le son *mi* ♯ de l'échelle enharmonique (L), art. 27 ? Le *mi* ♯ est coté $5^d,215=j$, et l'équation (5) devient

$$\text{Log. } z = \log. 602 - 0,025086 \times 5,215,$$

et, effectuant le calcul,

$$\text{Log. } 602 = 2,7795965$$
$$0,025086 \times 5,215 = 0,1308235$$
$$\text{Différence} = \log. z = 2,6487730 ; \quad z = 445,42^{\text{mill.}}$$

Il faut raccourcir la corde de $602^{\text{mill.}} - z = 156^{\text{mill.}},58$, et les $445^{\text{mill.}},42$ restants sonneront le *mi* ♯ à l'intervalle de $5^d,215$ avec *l'ut son fixe*.

On peut ainsi, en donnant au facteur j, dans les termes Ωj et ωj, la suite des valeurs qui constituent une échelle diatonique, chromatique ou enharmonique, calculer fort aisément la table, soit d'une série de poids, soit d'une série de longueurs propres à faire rendre à une corde, dont la tension et la longueur initiale sont données, tous les sons dont ces échelles se composent. Mon appareil acoustique, ci-dessus mentionné (note de l'art. 3), réunit ces deux moyens de faire varier les intervalles; une corde métallique verticale, chargée de 3000 grammes, sonne *l'ut de la clef d'ut*, dont il sera parlé ci-après, et un assortiment de poids ajoutés successivement les uns aux autres et aux 3000 grammes, font rendre à la corde des séries de sons assujétis à différentes lois. D'une autre part, diverses échelles donnant à vue, sans verniers, la précision de $\frac{1}{10}$ de demi-ton, ou $\frac{1}{120}$ d'octave, peuvent, la tension demeurant constante, être parcourues par un curseur, qui, serrant la corde à différents points de sa hauteur, lui fait émettre les sons indiqués par les divisions des échelles.

(49) Les instruments tels que la mandoline, la guitare, etc., dont les manches portent des divisions fixes, doivent avoir, généralement, ces divisions espacées de manière à donner les demi-tons égaux entre eux et au 12e d'octave; la formule log. $z =$ log. $a - \omega j$ fournit le moyen de dresser une table qui peut être fort utile aux luthiers. a étant la distance entre le chevalet et le sillet, si on donne à j les valeurs successives 0, 1, 2, 3, etc., les valeurs de z formeront une progression géométrique, ou par quotient, et chacune de ces valeurs sera la longueur de la corde, à partir du chevalet, qui doit sonner une des notes de la gamme chromatique à demi-tons égaux. Je vais donner, pour l'utilité des constructeurs d'instruments, un extrait de la table de 120 divisions que j'ai calculée autrefois pour la construction de l'appareil acoustique ci-dessus mentionné. Je suppose la distance entre le chevalet et le sillet exprimée par le nombre 100; cette distance, sur la guitare, est de 640 à 650 millimètres; une échelle de cette longueur peut aisément se diviser en 1000 parties très-perceptibles; d'ailleurs, après avoir fait la division des 100 parties considérées comme unités, on peut se borner à sous-diviser 10 ou 20 de ces parties pour avoir des 10es d'unité; désignant la corde

à vide par *ut* (*), on trouve dans la table qui suit, en unités et 1000ᵉ d'unité, les divisions correspondantes aux intervalles chromatiques, soit à partir du chevalet, soit à partir du sillet, les seconds étant les compléments à 100 des premiers.

	PREMIÈRE OCTAVE.		DEUXIÈME OCTAVE.	
	DIVISIONS AYANT LEUR ORIGINE		DIVISIONS AYANT LEUR ORIGINE	
	AU CHEVALET.	AU SILLET.	AU CHEVALET.	AU SILLET.
ut	100,000	00,000	50,000	50,000
ut #	94,387	5,613	47,194	52,806
re	89,090	10,910	44,545	55,455
re #	84,090	15,910	42,045	57,955
mi	79,370	20,630	39,685	60,315
fa	74,916	25,084	37,458	62,542
fa #	70,711	29,289	35,355	64,645
sol	66,742	33,258	33,371	66,629
sol #	62,996	37,004	31,498	68,502
la	59,460	40,540	29,730	70,270
la #	56,123	43,877	28,062	71,938
si	52,974	47,026	26,487	73,513
ut	50,000	50,000	25,000	75,000

(*) L'égalité des intervalles chromatiques de ce système d'échelle rend la table applicable aux cordes à vide de dénominations quelconques, en considérant chacune d'elles comme un *ut* de départ.

Cette table comprend deux octaves complètes, et on peut, sans avoir recours à la formule, lui donner une étendue arbitraire, attendu que les différences entre les nombres de la deuxième octave sont moitié des différences entre les nombres correspondants de la première octave ; qu'il en serait de même des nombres de la troisième octave par rapport à ceux de la deuxième, et ainsi de suite. (Cette égalité de différence peut être en défaut d'une unité de la troisième décimale, ce qui tient à la suppression des décimales des ordres supérieurs, et n'est d'aucune conséquence pour les applications pratiques (*)).

(5o) J'ai à parler maintenant de la détermination du *son*

(*) Les instruments à manches et à divisions fixes n'ont pas toujours la justesse désirable ; je vais ajouter au moyen de division chromatique que fournit la table donnée dans le texte, deux procédés qu'on m'a engagé à faire connaître.

Le premier de ces procédés exige qu'on soit muni d'un compas à quatre pointes, appelé *compas de réduction*, bien connu de ceux qui s'occupent des diverses espèces de tracés linéaires ; mais celui dont il s'agit ici est d'une construction beaucoup plus simple et plus économique que les *compas de réduction* ordinaires. Comme il n'est destiné qu'à donner un seul rapport de longueur, l'axe de rotation des deux branches est fixe, et doit être placé de manière que le rapport constant entre les distances des pointes de part et d'autre de l'axe fixe soit celui de $1000 : 943\frac{87}{100}$; les grandes branches devront mesurer, sans faire entre elles un angle trop obtus, au moins 650 millimètres (c'est la longueur assez ordinaire des cordes de guitare à vide), et si en établissant cette distance entre leurs pointes, les deux branches opposées mesurent une longueur de $614^{\text{mill.}}\frac{1}{2}$, l'instrument sera sensiblement réglé $\left(\text{à } \frac{15}{100} \text{ de millimètre près}\right)$; et dans le cas où la vérification dont je parlerai tout à l'heure rendrait une petite correction nécessaire, on la fera aisément en usant tant soit peu les deux pointes dont la distance pécherait par excès.

Voici maintenant la manière de former un étalon de division chroma-

fixe. Sauveur s'étant occupé de cette question en l'année 1700, et ayant employé un moyen fort ingénieux (*voyez* le volume

tique pour un instrument donné, une guitare par exemple : ayant tracé une droite C B (planche ci-contre) sur une surface bien plane, on procédera ainsi qu'il suit, savoir : 1° on ouvrira les grandes branches du compas, que j'appellerai *branches* G, de manière que la distance entre leurs pointes soit égale à la longueur de la corde à vide, ou à la distance du chevalet au sillet, et on portera cette distance de C en S_o, le chevalet étant censé en C, et le sillet en S_o; 2° sans rien changer au compas, on le retournera, et plaçant une pointe des petites branches, que j'appellerai *branches* P, au point C, on marquera, avec l'autre pointe, le point S_1, qui sera la première division chromatique; 3° on prendra avec les *branches* G la distance $C S_1$, et on portera avec les *branches* P la distance $C S_2$ pour avoir la deuxième division chromatique S_2; 4° on prendra avec les *branches* G la distance $C S_2$, et on portera avec les *branches* P la distance $C S_3$ pour avoir la troisième division chromatique S_3, etc., etc.

En continuant d'opérer de cette manière, on arrivera à la douzième division chromatique, qui doit se trouver au milieu de la distance $C S_o$; c'est la vérification dont je parlais tout à l'heure, qui, suivant le sens de l'écart, s'il y en a, indique quelles sont les pointes qu'on doit retoucher, en supposant néanmoins que cet écart ne tient pas à une inexactitude d'opération.

Si on divise une seconde octave, on arrive à une vingt-quatrième division chromatique, qui doit se trouver au quart de la longueur $C S_o$, à partir du point C, etc.

Le second procédé n'exige que l'emploi d'un compas à deux branches ordinaire : sur un plan bien dressé et suffisamment grand, on trace deux droites C B et B A perpendiculaires l'une à l'autre; la longueur C B est assujétie à la seule condition de n'être pas moindre que celle de la corde pour laquelle on veut construire une échelle chromatique, et la longueur de B A doit être à celle de C B dans le rapport assigné ci-dessus de $1000 : 943 \frac{87}{100}$, ou de $650 : 614 \frac{1}{2}$.

Les conditions remplies, on mènera l'hypoténuse C A, on portera sur C B une distance $C S_o$ égale à la longueur de la corde à vide, ou à la distance entre le chevalet et le sillet; on tracera la parallèle $S_o V_o$ à B A, le point V_o étant sur l'hypoténuse C A; enfin on achèvera le parallélogramme $C S_o V_o U$, et on opérera ainsi qu'il suit :

1° Portez $S_o V_o$ de C en S_1, et de U en V_1, vous aurez une première division chromatique S_1; 2° tracez la ligne $S_1 V_1$ qui coupe la diagonale $C V_o$ en v_1, et portez $S_1 v_1$ de C en S_2 et de U en V_2, vous aurez une deuxième division chromatique S_2; 3° tracez la ligne $S_2 V_2$ qui coupe la diagonale $C V_o$ en v_2, et portez $S_2 v_2$ de C en S_3, et vous aurez une troisième division chromatique S_3, etc., etc.

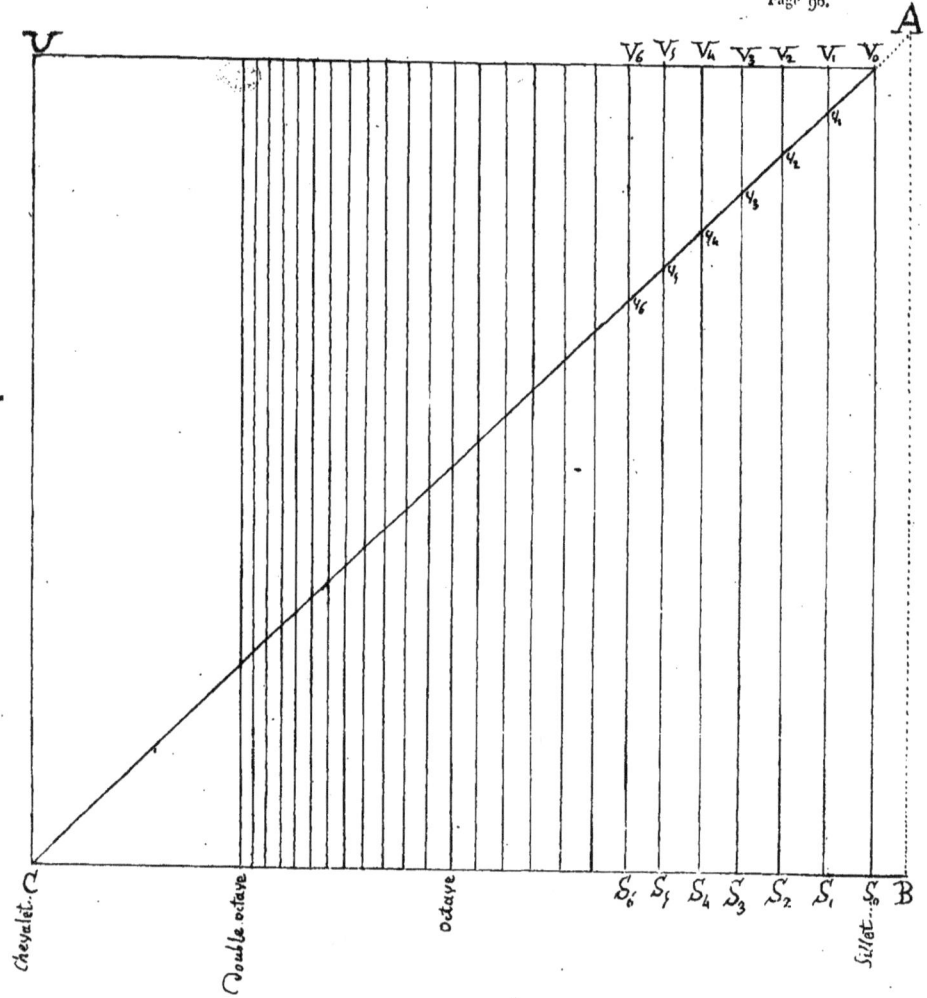

Page 90.

de 1700 de l'Académie royale des Sciences de Paris), crut avoir trouvé que le tuyau d'orgue *à bouche*, sonnant l'*ut* à la double octave au-dessous de l'*ut* de la clef d'*ut*, tuyau ouvert dont la longueur est d'environ 2^m 6 ou 8 pieds, donnait 61

On se procurera, par l'un des moyens indiqués dans le texte et dans la présente note, des échelles qui assureront la justesse des divisions chromatiques; il serait à désirer que pour chaque espèce particulière d'instrument, mandoline, cistre, guitare, etc., il y eût une distance bien déterminée et généralement convenue entre le chevalet et le sillet; on pourrait alors faire les tracés des divisions sur des règles de métal, qui deviendraient des étalons fixes et communs.

A propos de mesures communes, il est à remarquer que sur les claviers des forte-pianos français, anglais, allemands, italiens, etc., sept touches blanches, ou diatoniques, donnent une somme de largeurs égale à six pouces de pied-de-roi; cette uniformité ne tient certainement ni à une convention entre les facteurs des différents pays, ni au goût des étrangers pour les mesures françaises; elle a son application naturelle dans les dimensions moyennes de la main.

La harpe exige des espacements de cordes bien différents de ceux des touches du forte-piano, d'abord parce qu'elle n'emploie que les quatre premiers doigts de la main, et, ensuite, eu égard à la position du corps et des bras de l'exécutant par rapport au système des cordes; les bras sont sujets à s'allonger et à se raccourcir dans toute l'étendue de ce système.

Sur les harpes des premiers facteurs, telles que la harpe d'Erard, dont j'ai parlé art. 29 du texte, la distance entre deux cordes, à l'octave l'une de l'autre, est de 110 millimètres pour l'octave la plus grave, réduite graduellement à 95 millimètres, étendue de l'octave la plus aiguë.

On voit que les moyens mécaniques d'exécution musicale ont, comme les systèmes métriques anciens et modernes, des types de mesures déduits des dimensions du corps humain, auxquelles *la coudée, la brasse, le pas, le pied, le pouce*, etc., doivent leurs origines. Le nouveau système métrique français a une origine différente; il est établi d'après les dimensions du sphéroïde terrestre.

pulsations par seconde. Treize ans après, des recherches sur la corde vibrante, dont il conclut des formules équivalentes aux formules (1) et (2) de l'art. 47 ci-dessus, le conduisirent à des résultats qui donnaient, dans les mêmes circonstances, des nombres doubles de ceux qu'il avait trouvés d'abord; il expliqua ces différences en disant que dans ses expériences sur les tuyaux les battements observés n'avaient été sensibles à l'oreille, et, par conséquent, comptés que de deux en deux, au lieu que dans les calculs relatifs aux cordes sonores, l'*allée* et le *retour* sont comptés chacun pour une vibration.

La corde sonore qui est à l'unisson de l'*ut* à deux octaves au-dessous de l'*ut* de la *clef*, fait donc, d'après les déterminations de *Sauveur*, 122 vibrations par seconde. Pour vérifier ce résultat, j'ai pesé une corde de laiton, de celles que les facteurs désignent par le n° 7, et qui, longue de 1^{m}48, sonnait, sous une tension de 15000 grammes, l'unisson du *fa* à deux octaves au-dessous du *fa* de la *clef*. Le poids de cette corde était de 12^{grammes},783; ainsi on a (1ère équation (2) de l'art. 47.)

$$n = \sqrt{\frac{9,8088 \times 15000}{1,48 \times 12,7830}} = 88,196.$$

Par une autre expérience j'ai trouvé qu'une corde de fer de 0^{mètre},5825 de longueur, du poids de 0^{gramme},615 et sous une tension de 11134 grammes, donnait un son plus haut que l'*ut* de la *clef* de $\frac{1}{12}$ d'octave; la formule ci-dessus citée donne, dans ce cas,

$$n = \sqrt{\frac{9,8088 \times 11134}{0,5825 \times 0,615}} = 552,14.$$

En ramenant les nombres de vibrations donnés par les deux

(93)

calculs précédents à celui que donnerait la corde montée au ton de l'*ut*, 2ᵉ octave au-dessous de *l'ut* de la *clef*, on a

Par le 1ᵉʳ résultat, $n = 132,29$;
Par le 2ᵐᵉ résultat, $n = 130,36$.

Observant ensuite que *l'ut* dont il s'agit ici est celui du ton d'orchestre actuel, plus haut d'un demi-ton, ou environ $\frac{1}{12}$ d'octave que *l'ut* de l'ancien ton d'église, employé par Sauveur, on a ultérieurement, en ramenant le ton d'orchestre au ton d'église, le nombre de vibrations donné par *l'ut* double octave au-dessous de *l'ut* de la *clef*, à l'unisson duquel se trouve le tuyau d'orgue à *bouche*, de 8 pieds, *ouvert*, savoir :

Détermination de *Sauveur*...... 122,00.
Premier résultat ci-dessus....... 124
Deuxième résultat............. 123

(51) Ces diverses déterminations ont entre elles un accord aussi satisfaisant que la nature de ce genre de recherches peut le permettre ; on en conclut que le son formant la limite, au grave, des sons musicalement appréciables, celui que fournit le tuyau d'orgue dit *le 32 pieds*, donne 31 vibrations par seconde, l'*ut* qui se trouve vers l'autre limite, à 8 octaves au-dessus, donnant $31 \times 2^8 = 7936$ vibrations dans le même temps.

(52) Il est aisé, d'après ce qui précède, de résoudre physiquement le problème du *son fixe*, son dont la détermination est fort importante en musique. Il serait convenable et désirable que ce son fût établi sous la condition de comprendre les nombres de vibrations donnés par les *ut* des différentes octaves, dans la série des puissances de 2, et l'adoption de

ce système n'occasionnerait pas de changement sensible dans le ton d'orchestre actuel, car en prenant le nombre 32 pour celui des vibrations de l'*ut* à l'unisson du 32 *pieds* de l'orgue, on ne ferait que changer la série

$$31, 62, 124, 248, 496, \text{etc.},$$

en celle-ci

$$32, 64, 128, 256, 512, \text{etc.}$$

Pour connaître exactement la différence d'intonation qui en résulte pour l'*ut* de la *clef*, on a, table 2,

Log. acoustique $512 = 9 \times \log. 2 = 108,0000000$
Log. acoustique $496 = \log. (4 \times 124) = 107,4503557$
$$\text{Diff.} = 0,5496443$$

L'*ut* de la série des puissances de 2 est plus haut de $\frac{55}{100}$ de demi-ton, et je ne dois pas omettre de dire que cette évaluation de l'intervalle entre les deux *ut* est bien plus *musicale*, ou plus intelligible pour les musiciens, que si on l'énonçait, suivant l'usage, par la fraction $\frac{512}{496}$; on a de plus, dans le calcul qui précède, un exemple du parti qu'on peut tirer dans une infinité de cas, des tables 1 et 2, lorsque les nombres de vibrations excédant 150 peuvent se décomposer en facteurs.

(53) L'*ut* de la *clef*, ou le son de 512 vibrations par seconde étant pris pour son fixe, il ne s'agit plus que d'avoir un moyen immédiat d'obtenir ce son sans être obligé de recourir à un type préexistant, et par le simple calcul de la tension

que doit avoir une corde métallique donnée. La première équation (2) de l'art. 47 donne la valeur de cette tension, savoir :

$$P = \frac{ap}{g} n^2$$

Le poids p et la longueur absolue a de la corde entre les points fixes étant donnés par des pesées et des mesures exactes, posez $n = 512$, et tous les éléments du calcul de P seront connus.

Ayant pris une corde de fer du n° 1, celle qu'on emploie ordinairement vers le milieu du clavier, je lui ai donné, entre les points fixes, une longueur de $0^{\text{mètre}},5825$, une longueur de cette corde de $3^{\text{mètres}},400$ pesait $5^{\text{grammes}},385$; ainsi le poids de $0^{\text{mètre}},5825$ était de $0^{\text{gramme}},92259$. Calculant la valeur $P = \frac{0,5825 \times 0,92259 \times (512)^2}{9,8088}$, on trouve $P = 14363$ grammes; c'est le poids représentant la tension de la corde lorsque le son qu'elle produit résulte de 512 vibrations par seconde; un *diapason* d'acier taillé à l'unisson de cette corde ainsi tendue, a donné l'*ut* de l'orchestre italien à une différence près si petite qu'elle était à peine perceptible.

J'ai pris une autre corde blanche du numéro immédiatement plus gros que celui de la précédente, une longueur de $3^{\text{m}},400$ de cette corde pesait $7^{\text{grammes}},215$, ce qui donne $1^{\text{gr}},2361$ pour le poids d'une longueur de cette corde de $0^{\text{m}},5825$; le poids tendant qui ferait rendre à ces $0^{\text{m}},5825$ de corde l'*ut* de 512 vibrations par seconde, aurait pour valeur $P = \frac{0,5825 \times 1,2361 \times (512)^2}{9,8188} = 19243$ grammes; mais la corde n'a pas été capable de supporter ce poids : en le réduisant au quart, c'est-à-dire à $4810^{\text{grammes}},75$, le son produit a été exactement l'octave grave de celui que j'avais obtenu par l'expérience précédente, c'est-à-dire l'*ut* de 256 vibrations par seconde.

(54) La corde de mon appareil acoustique mentionné ci-dessus, art. 3, *note* et art. 48, avait d'abord entre ses points fixes, lorsqu'elle sonnait à vide, une longueur de $0^m,602$; et son poids, sur cette longueur, était de $0^{gramme},7445$: dans cet état, le poids capable de la faire vibrer 512 fois par seconde avait pour valeur

$$P = \frac{0,602 \times 0,7445 \times (512)^2}{9,8088} = 11978 \text{ grammes.}$$

J'ai voulu substituer, à ce nombre de grammes, le nombre rond de 12000, afin d'avoir, pour celle de mes échelles qui donne le *tempérament égal*, 6000 à la demi-octave au grave (*fa* ♯ ou *sol* ♭), et 3000 à l'*ut* octave entière au grave. Ce léger changement de poids correspondait à une augmentation de longueur de la corde d'environ $\frac{1}{2}$ millimètre ($0^{mill},55$), ou de $\frac{1}{1100}$ de la longueur primitive; mais avant que cet allongement fût opéré, la variation de tension de 22 grammes sur 12000 (à très-peu près $\frac{1}{545}$) ne produisait pas sur l'intonation un effet perceptible même aux oreilles les plus exercées et les plus sensibles. On pourrait être curieux de connaître la valeur exacte de l'intervalle entre les sons respectivement dus à ces tensions de 12000 et 11978 grammes de la corde à vide de mon appareil; mais quoiqu'on sache, par les formules de l'article 47, que les nombres synchrones de vibrations d'une même corde, de longueur donnée, dont on fait varier la tension, sont entre eux comme les racines carrées des points tendants, le rapport $\sqrt{\frac{12000}{11978}}$ par lequel, suivant l'usage ordinaire, on représenterait cet intervalle, est bien loin d'offrir même un aperçu de sa valeur musicale *effective*; c'est une nouvelle occasion de faire apprécier l'utilité et la commodité de la table de *logarithmes acoustiques*, et je vais, par ce motif, donner le calcul en détail.

Il faut d'abord, par la décomposition en facteurs, opérer sur des nombres qui ne surpassent pas 160; or on a

$$12000 = 120 \times 100; \quad 11978 = 2 \times 53 \times 113.$$

Prenant les logarithmes acoustiques, dans la table 2,

$$
\begin{aligned}
\text{Log. } 120 &= 82{,}8826871 \\
\text{Log. } 100 &= 79{,}7262743 \\
\text{So}^e &= 162{,}6089614 = \text{log. } 12000 = 162{,}6089614 \\
\text{Log. } 2 &= 12{,}0000000 \\
\text{Log. } 53 &= 68{,}7350455 \\
\text{Log. } 113 &= 81{,}8421475 \\
\text{So}^e &= 162{,}5771930 = \text{log. } 11978 = 162{,}5771930 \\
\text{Différence} &= 0{,}0317684 \\
\tfrac{1}{2}\text{différence} &= 0{,}0158842
\end{aligned}
$$

Ainsi l'intervalle cherché est moindre que $\frac{16}{1000}$ et sensiblement égal à $\frac{1}{62}$ de demi-ton; on ne doit pas s'étonner qu'il ait été inaperçu même à des oreilles exercées.

(55) Dans les diverses expériences que j'ai rapportées pour montrer leur accord avec la théorie, les cordes étaient suspendues verticalement pour éviter l'emploi des poulies de renvoi, et les erreurs provenant des incertitudes sur l'évaluation du frottement; il résulte de cette position une inégalité de tension aux différents points de la corde, vu que chaque point supporte, outre le poids tendant, celui de la partie de la corde qui lui est inférieure; mais cette inégalité est absolument négligeable dans les cas pareils à ceux dont il est question aux articles précédents, et qui permettent de considérer le poids de la corde comme infiniment petit par rapport au poids tendant.

(56) En définitive, pour obtenir le *son fixe ut* de la clef d'*ut*, donné par une corde qui vibre 512 fois par seconde, et émet un son à la 4ᵉ octave au-dessus de celui du tuyau d'orgue dit le 32 *pieds*, il faut prendre une corde en fer du poids d'environ $\frac{5}{4}$ de gramme par mètre courant, et la faire vibrer entre deux points fixes placés à la distance l'un de l'autre de 6 à 7 décimètres, sous une tension P ayant pour valeur

$$P = \frac{(512)^2}{9,8088} \cdot a\, p = \frac{(512)^2}{9,8088} \cdot a^2\, \Pi.$$

$a =$ la longueur de la corde entre les points fixes.
$p =$ son poids entre les mêmes points.
$\Pi =$ son poids sur l'unité de longueur.

$$Log.\ vulgaire \left(\frac{(512)^2}{9,8088}\right) = 4,4269242530.$$

L'unité de longueur est le mètre.
L'unité de poids est le gramme.

Si on veut avoir le son que les musiciens appellent *la-mi-la*, le *la* à vide du violon, on fera résonner cette corde sur les $\frac{3}{5}$ de sa longueur a en lui conservant la tension P. Ce *la* est la tierce-majeure juste, ou *naturelle*, du *la* quarte juste ou *naturelle* de l'*ut son fixe*. L'intervalle *ut, la* a pour valeur *log. ac.* 5 — *log. ac.* 3 = $8^d,84$; si on voulait lui substituer le *la* octave grave de la 3ᵉ quinte juste ou *naturelle* de l'*ut son fixe*, ce second intervalle *ut, la* aurait pour valeur *log. ac.* 27 — *log. ac.* 16 = $9^d,06$, surpassant le premier de $\frac{22}{100}$ de demi-ton ou 12ᵉˢ d'octave. (*Voyez*, art. 24, les échelles nᵒˢ 2 et 3 du tableau K.)

On pourra ainsi retrouver, à volonté, le *son fixe*, dans tous les temps et dans tous les lieux, sans avoir besoin de recourir à aucun type ou *diapason* conservateur de ce son: c'est une donnée qui nous manque sur la musique des anciens; nous connaissons les *intervalles* entre les sons de leurs échelles, mais ils ne nous ont transmis aucun moyen d'en reproduire les unissons; nos successeurs n'auront pas le même reproche à nous faire, grâces à *Sauveur*, créateur de l'*acoustique musicale* (*).

(*) Voici un passage de la notice biographique de *Sauveur*, que j'ai rédigée pour le *Dictionnaire de Biographie universelle* de M. *Michaud*.
« On peut, dans tous les temps et dans tous les lieux, disposer, *sans le*
« *secours de l'oreille*, un système de cordes sonores, de manière qu'elles

(57) J'ai parlé, dans quelques articles, des tuyaux d'orgues *à bouche*, il ne sera pas inutile de donner pour ces tuyaux la formule qui correspond à l'équation $n = \sqrt{\frac{gP}{ap}}$ de l'art. 47. Le prisme d'air, que renferme un de ces tuyaux, mis en mouvement par un courant d'air extérieur à qui on donne la direction convenable, fait l'effet de la corde vibrante, la pression de l'atmosphère remplaçant le poids tendant. Je me borne à cette indication générale, me réservant de donner ailleurs une explication plus détaillée des conformités et des différences existantes entre les phénomènes que présentent les corps solides et l'air mis en vibration; des géomètres et des physiciens d'un haut mérite ont, depuis quelques années, publié de bien belles recherches sur cette matière. Soient

$a =$ longueur du tuyau,
$bb =$ aire de sa section transversale,

« rendent des sons ayant entre eux des *intervalles déterminés;* ainsi, sa-
« chant que la lyre en *trépied* de Pythagore sonnait les modes *doriens,*
« *lydiens* et *phrygiens*, et consultant d'ailleurs les détails qu'Athénée nous
« a transmis sur cet instrument, on a les moyens d'obtenir une série de
« sons dans les mêmes rapports entre eux que ceux de cette lyre antique;
« mais s'il s'agissait de réunir à la condition de l'égalité des rapports, celle
« de l'identité des sons, la solution du problème serait impossible, les
« anciens ne nous ayant laissé aucun moyen de retrouver l'unisson d'une
« des cordes de leur système musical. Peut-être avaient-ils comme nous
« de ces instruments métalliques, connus sous le nom de *diapasons*, qui
« gardent et transmettent un son fixe; mais ces instruments sont altérables
« et périssables, et le problème de la réhabilitation de l'unisson doit pou-
« voir se résoudre sans égard à la conservation d'aucun monument ma-
« tériel; c'est ce que *Sauveur* a fait le premier, etc.

$m =$ pesanteur d'un mètre cube d'air,
$M =$ pesanteur d'un mètre cube de mercure,
$k =$ hauteur du baromètre.

Le poids p de la corde sonore et le poids tendant P auront ici, pour valeurs respectives, $mabb$ et $Mkbb$, d'où on conclura, en remplaçant p et P par ces dernières expressions dans l'équation $n = \sqrt{\frac{gP}{ap}}$,

$$n = \frac{1}{a}\sqrt{\frac{M}{m}gk} \ldots (6)$$

Si on désigne par ζ la longueur du pendule qui bat les secondes, et par π la demi-circonférence dont le rayon $= 1$, on a $g = \zeta\pi^2$, et l'équation précédente devient

$$n = \frac{\pi}{a}\sqrt{\frac{M}{a}\zeta k} \ldots (7)$$

On peut remarquer que la section transversale bb du tuyau a disparu de la valeur n, et qu'ainsi le grave ou l'aigu du son rendu par ce tuyau ne dépend que de sa longueur, ce qui est conforme à l'expérience; mais ce son doit hausser ou baisser sensiblement, lorsque l'atmosphère subit des changements qui font varier les valeurs de m et de k, et en cela l'expérience est encore d'accord avec la théorie.

(58) On peut, dans l'état moyen de l'atmosphère, supposer $\frac{M}{m} = \frac{949777}{86,263} = 11010$, ou $\sqrt{\frac{M}{m}} = 104,93$, et $k = 0^{\text{mèt.}},76$, on a, à la latitude de Paris, $g = 9^{\text{mèt.}},8088$, et on conclut de ces valeurs $\sqrt{\frac{M}{m}gk} = 286,5$,

d'où
$$n = \frac{286,5}{a}, \text{ et } a = \frac{286,5}{n}.$$

Si on fait $n = 32$ vibrations, on aura en nombres ronds, 9 mètres ou 28 pieds pour la valeur de a. La colonne d'air réellement vibrante dans le tuyau d'orgue dit 32 *pieds*, est tout au plus les $\frac{15}{16}$ de la longueur totale extérieure de ce tuyau; supposant donc cette colonne vibrante de 30 pieds, l'intervalle entre les sons dus aux longueurs de 28 et 30 pieds sera, table 2, égal à *log. ac.* 30 — *log. ac.* 28 = $1^d,19$ environ $\frac{2}{3}$ de demi-ton, ce qui peut s'expliquer par la différence entre le ton actuel d'orchestre et l'ancien ton d'église.

(59) Si on veut avoir une idée de l'influence que l'état de l'atmosphère peut exercer sur l'intonation d'un tuyau d'orgue, on se rappellera qu'il n'est pas extraordinaire de voir des baromètres, dont l'échelle est divisée en pouces, donner, à diverses époques, un pouce de plus ou un pouce de moins que la hauteur moyenne 28 pouces. n' et n'' étant les nombres de vibrations respectivement correspondants à 29 et à 27 pouces, on déduit de la formule (6) ci-dessus, pour une même longueur a de tuyau, $\frac{n'}{n''} = \sqrt{\frac{29}{27}}$; faisant le calcul de l'intervalle correspondant, on a (table 2)

Log. ac. 29 = 58,2957719
Log. ac. 27 = 57,0586500

Différence = 1,2371219
$\frac{1}{2}$ différence = 0,6185609

Ainsi 2 pouces ou $0^{\text{mètre}},054$ d'élévation du baromètre font varier le ton du tuyau de $\frac{62}{100}$ de demi-ton.

(60) J'ai parlé du tuyau d'orgue nommé par les facteurs le 32 *pieds*, et qui donne l'*ut*, limite, au grave, des sons musicaux ; le son le plus bas des forte-pianos est assez ordinairement le *fa* de la 2e octave au-dessus de cet *ut* 32 *pieds*, à 2 octaves au-dessous du *fa* de la clef de *fa* ; je me rappelle d'avoir vu et entendu, à l'exposition des produits de l'industrie française, un forte-piano du célèbre Sébastien Erard, qui partant, au grave, de l'*ut* à l'unisson de celui que les organistes appellent le 16 *pieds ouvert*, s'élevait jusqu'à l'*ut* 7e octave au-dessus, et limite à l'aigu de l'échelle musicale ; le nombre des vibrations par seconde de cet *ut* aigu est de $32 \times 2^8 = 8192$. L'*ut* de départ, au grave, en donne 64 ; il ne manquait à cet instrument qu'une octave en dessous pour atteindre les deux limites, inférieure et supérieure, des sons musicaux.

J'ai eu la curiosité de soumettre à quelques épreuves la corde qui donnait cet *ut* grave. 2 mètres de longueur de cette corde pèsent $29^{\text{grammes}},50$, et la distance entre ses points fixes, sur la table d'harmonie, est de $1^{\text{mètre}},813$. Ainsi le poids de l'unité de longueur $= 14^{\text{grammes}},75$, et le poids de la partie vibrante $= 26^{\text{grammes}},742$. Calculant, d'après ces données, au moyen de la $1^{\text{ère}}$ ou de la 2e équation (2) de l'art. 47, la tension que la corde doit avoir pour sonner l'*ut* de 64 vibrations par seconde, on trouve cette tension équivalente à un poids de 20246 grammes. L'expérience s'est trouvée conforme à ce résultat de calcul ; une moitié de la longueur vibrante sur la table d'harmonie, mise entre deux points fixes, dans une situation verticale et chargée du poids de 20246 grammes, a sonné l'octave grave de l'*ut* à vide de la corde de mon appareil acoustique, chargée de 3000 kilogrammes, et qui, dans cet état, doit (art. 54) donner 256 vibrations par seconde. La demi-longueur de l'*ut* du piano en donnait par conséquent 128, dont la moitié est 64 pour la longueur entière vibrante sur la table d'harmonie.

(61) Il est à regretter qu'on n'ait pas, sur le forte-piano, l'octave grave qui compléterait les 8 octaves de sons musicaux. On doit présumer que Sébastien Erard l'aurait ajoutée aux autres, si cette addition eût été praticable; mais l'emploi des cordes de cuivre exigerait une trop forte augmentation des dimensions de l'instrument; et dans l'hypothèse même d'une table d'harmonie assez grande pour les recevoir, il serait peut-être difficile de bien les faire sonner avec un clavier à marteaux.

Je me rappelle que le célèbre harpiste Krumpholz renforçait les effets harmoniques de la harpe par un moyen fort heureusement conçu; l'instrument posait sur une table d'harmonie munie de cordes donnant des sons de contre-basse, qu'on faisait résonner avec des pédales disposées de manière que les pieds pussent les atteindre facilement, sans que le jeu des pédales de la harpe éprouvât de l'embarras. Ne pourrait-on pas employer un expédient analogue pour compléter le système harmonique du forte-piano? Une table d'harmonie serait placée au-dessous de la caisse, et pour en réduire les dimensions on la garnirait de cordes d'argent, filées avec des fils de platine, qui réuniraient, peut-être, à l'avantage d'être plus courtes que les cordes de cuivre, ceux d'avoir une vibration plus facile, et une plus belle qualité de son. Si on objectait que les pédales nécessaires pour faire résonner ces cordes, s'arrangeraient difficilement avec les pédales qui font lever les étouffoirs, je répondrais que la suppression même de ces dernières me paraîtrait plutôt désirable que regrettable, vu l'usage désordonné qu'en font un grand nombre de pianistes; les exécutants et les auditeurs dont la fréquence de cet usage n'a pas encore vicié les oreilles, préféreront, sans doute, de belles tenues de sons de contre-basse (*) faisant ressortir une mélodie et une harmonie régulières et pures, à l'horrible cacophonie de 60 ou 70 cordes (doubles ou triples) résonnant ensemble à un demi-ton d'intervalle l'une de l'autre; car tel est le résultat d'un trait chromatique rapide embrassant (les étouffoirs levés) l'étendue du clavier. Les amateurs qui fréquentent les concerts n'ont que trop d'occasions de reconnaître que la cacophonie dont je parle n'est pas une fiction.

(62) Après avoir parlé de la harpe et du forte-piano de Sébastien Erard, je ne puis pas terminer cet écrit sans mentionner celle de ses inventions que je regarde comme le plus beau fruit de son génie, l'*orgue expressif*, sur lequel chaque touche, en particulier, peut donner, par l'action plus ou moins forte du doigt, toutes les nuances de sons du fort au doux, sans que le mécanisme auquel est dû un pareil effet, influe sur l'intensité de son des autres touches. Cette admirable propriété met l'instrument de Sébastien Erard tout-à-fait hors de ligne, relativement à un autre orgue sur lequel le *forte* et le *piano* sont opérés, en même temps, dans l'étendue en-

---

(*) Le moins grave de ces sons serait l'*ut* à une quinte au-dessous du *sol* à vide ou du son le plus grave de la contre-basse d'orchestre.

tière du clavier, par le moyen soit d'une pédale, soit d'un mécanisme que le genou fait mouvoir. A la supériorité d'invention se réunit l'antériorité de date. Notre célèbre compositeur Grétry a cité l'orgue d'Erard dans ses *Essais sur la Musique*, imprimés en pluviôse an V (janvier 1797); il regarde sa conception comme la découverte de la *pierre philosophale* en musique. Je crois faire une chose agréable au lecteur en citant le texte même de Grétry : « J'ai touché, dit-il, « cinq ou six notes d'un buffet d'orgue qu'Erard avait rendu « susceptible de nuances ; et, sans doute, le secret est décou- « vert par un tuyau comme par mille. Plus on enfonçait la « touche, plus le son augmentait ; il diminuait en relevant « doucement le doigt. *C'est la pierre philosophale en musique « que cette trouvaille ; la nation devrait faire établir un grand « orgue de ce genre,* et récompenser Erard, l'homme du « monde le moins intéressé. » (*Mémoires* ou *Essais sur la Musique,* par Grétry, t. III, pag. 425.)

Erard s'était particulièrement occupé de la construction de son orgue pendant les deux ou trois dernières années de sa vie (*) ; il était parvenu à le compléter. J'ai entendu cet instrument enchanteur dans sa maison de Passy ; il était touché par M. Simon, organiste d'un rare mérite, et plusieurs grands musiciens et compositeurs de Paris se plaisaient à lui confier leurs inspirations, reproduites avec une vérité d'expression, de sentiment, qui ravissait également et les exécutants et les auditeurs.

(*) Voyez une intéressante notice sur la vie et les travaux de Sébastien Erard dans la *Revue Musicale*, publiée par M. Fétis, cinquième année, n° 27.

Combien il serait à désirer que le vœu de Grétry se trouvât réalisé! Je pense même, qu'au lieu d'un seul grand orgue qu'il demandait, il en faudrait trois dans la capitale, l'un pour la cathédrale, l'autre pour le grand-opéra, et le troisième pour le conservatoire de musique. L'inventeur n'existe plus, bien malheureusement, mais il a laissé un neveu, héritier de ses établissements, conservateur de ses traditions manufacturières, et ayant fait preuve de science et de talent. M. Pierre Erard est parfaitement en état de diriger l'exécution de tout ce que son oncle a conçu.

FIN.

DEUX TABLES

DE

LOGARITHMES ACOUSTIQUES

AYANT POUR BASES,

LA PREMIÈRE..... 2,

LA SECONDE $2^{\frac{1}{12}} = 1{,}05946\ 30943\ 59295.$

TABLE DES MATIÈRES.

Pages.

INTRODUCTION 5

§ Ier.

Inconvénients du mode ordinaire de représentation des intervalles musicaux; avantages de celui qui est l'objet de la présente instruction. 11

§ II.

Description et usage des tables (1) et (2) de logarithmes acoustiques. 24

§ III.

Diverses applications des règles de calcul données dans le § précédent; analyses et comparaisons des échelles chromatiques et enharmoniques; détails sur celle qui est engendrée par une suite de quintes justes; harpe enharmonique de Sébastien Erard................ 37

§ IV.

Formules analytiques donnant les rapports entre les nombres synchrones de vibrations des cordes sonores et les intervalles musicaux correspondants à ces nombres; applications de ces formules au calcul des tables de logarithmes acoustiques; progressions harmoniques 58

§ V.

Formules analytiques relatives à l'acoustique musicale; application aux instruments de musique, à la détermination du son fixe, aux tuyaux d'orgue ouverts; moyen proposé pour avoir, sur le forte-piano, l'étendue entière des sons admissibles en musique; orgue expressif de Sébastien Erard.......................... 82

Tables de logarithmes acoustiques. { Table 1, dont la base est 2............... 1
Table 2, dont la base est $2^{\frac{1}{12}}$............ 11

TABLE I.

Base du système = 2. L'octave est prise pour unité de mesure des intervalles musicaux.

NOMBRES.	LOGARITHMES acoustiques.	NOMBRES.	LOGARITHMES acoustiques.	NOMBRES.	LOGARITHMES acoustiques.	NOMBRES.	LOGARITHMES acoustiques.
1	0,0000000	41	5,3575520	81	6,3398500	121	6,9188632
2	1,0000000	42	5,3923174	82	6,3575520	122	6,9307373
3	1,5849625	43	5,4262648	83	6,3750394	123	6,9425145
4	2,0000000	44	5,4594316	84	6,3923174	124	6,9541963
5	2,3219281	45	5,4918531	85	6,4093909	125	6,9657843
6	2,5849625	46	5,5235620	86	6,4262648	126	6,9772799
7	2,8073549	47	5,5545889	87	6,4429435	127	6,9886847
8	3,0000000	48	5,5849625	88	6,4594316	128	7,0000000
9	3,1699250	49	5,6147098	89	6,4757334	129	7,0112273
10	3,3219281	50	5,6438562	90	6,4918531	130	7,0223678
11	3,4594316	51	5,6724253	91	6,5077946	131	7,0334230
12	3,5849625	52	5,7004397	92	6,5235620	132	7,0443941
13	3,7004397	53	5,7279205	93	6,5391588	133	7,0552824
14	3,8073549	54	5,7548875	94	6,5545889	134	7,0660892
15	3,9068906	55	5,7813597	95	6,5698556	135	7,0768156
16	4,0000000	56	5,8073549	96	6,5849625	136	7,0874628
17	4,0874628	57	5,8328900	97	6,5999128	137	7,0980321
18	4,1699250	58	5,8579810	98	6,6147098	138	7,1085245
19	4,2479275	59	5,8826430	99	6,6293566	139	7,1189411
20	4,3219281	60	5,9068906	100	6,6438562	140	7,1292830
21	4,3923174	61	5,9307373	101	6,6582115	141	7,1395514
22	4,4594316	62	5,9541963	102	6,6724253	142	7,1497471
23	4,5235620	63	5,9772799	103	6,6865005	143	7,1598713
24	4,5849625	64	6,0000000	104	6,7004397	144	7,1699250
25	4,6438562	65	6,0223678	105	6,7142455	145	7,1799091
26	4,7004397	66	6,0443941	106	6,7279205	146	7,1898246
27	4,7548875	67	6,0660892	107	6,7414670	147	7,1996723
28	4,8073549	68	6,0874628	108	6,7548875	148	7,2094534
29	4,8579810	69	6,1085245	109	6,7681843	149	7,2191685
30	4,9068906	70	6,1292830	110	6,7813597	150	7,2288187
31	4,9541963	71	6,1497471	111	6,7944159	151	7,2384047
32	5,0000000	72	6,1699250	112	6,8073549	152	7,2479275
33	5,0443941	73	6,1898246	113	6,8201790	153	7,2573878
34	5,0874628	74	6,2094534	114	6,8328900	154	7,2667865
35	5,1292830	75	6,2288187	115	6,8454901	155	7,2761244
36	5,1699250	76	6,2479275	116	6,8579810	156	7,2854022
37	5,2094534	77	6,2667865	117	6,8703647	157	7,2946207
38	5,2479275	78	6,2854022	118	6,8826430	158	7,3037807
39	5,2854022	79	6,3037807	119	6,8948178	159	7,3128830
40	5,3219281	80	6,3219281	120	6,9068906	160	7,3219281

TABLE II.

Base du système $2^{\frac{1}{12}} = 1,05946\ 30943\ 59295$. Le $\frac{1}{12}$ d'octave est pris pour l'unité de mesure des intervalles musicaux.

Nombres.	Logarithmes acoustiques.	Nombres.	Logarithmes acoustiques.	Nombres.	Logarithmes acoustiques.	Nombres.	Logarithmes acoustiques.
1	8,0000000	41	64,2906241	81	76,0782000	121	83,0263588
2	12,0000000	42	64,7078091	82	76,2906241	122	83,1688481
3	19,0195500	43	65,1151771	83	76,5004732	123	83,3101741
4	24,0000000	44	65,5131794	84	76,7078091	124	83,4503557
5	27,8631371	45	65,9022372	85	76,9126912	125	83,5894114
6	31,0195500	46	66,2827435	86	77,1151771	126	83,7273591
7	33,6882591	47	66,6550662	87	77,3153220	127	83,8642162
8	36,0000000	48	67,0195500	88	77,5131794	128	84,0000000
9	38,0391000	49	67,3765181	89	77,7087912	129	84,1347271
10	39,8631371	50	67,7262743	90	77,9022372	130	84,2684138
11	41,5131794	51	68,0691041	91	78,0935357	131	84,4010760
12	43,0195500	52	68,4052766	92	78,2827435	132	84,5327294
13	44,4052766	53	68,7350455	93	78,4699057	133	84,6633892
14	45,6882591	54	69,0586500	94	78,6550662	134	84,7930703
15	46,8826871	55	69,3763166	95	78,8382673	135	84,9217872
16	48,0000000	56	69,6882591	96	79,0195500	136	85,0495541
17	49,0495541	57	69,9946802	97	79,1989541	137	85,1763850
18	50,0391000	58	70,2957719	98	79,3765181	138	85,3022935
19	50,9751302	59	70,5917166	99	79,5522794	139	85,4272929
20	51,8631371	60	70,8826871	100	79,7262743	140	85,5513962
21	52,7078091	61	71,1688481	101	79,8985378	141	85,6746162
22	53,5131794	62	71,4503557	102	80,0691041	142	85,7969654
23	54,2827435	63	71,7273591	103	80,2380063	143	85,9184560
24	55,0195500	64	72,0000000	104	80,4052766	144	86,0391000
25	55,7262743	65	72,2684138	105	80,5709462	145	86,1589091
26	56,4052766	66	72,5327294	106	80,7350455	146	86,2778947
27	57,0586500	67	72,7930703	107	80,8976038	147	86,3960681
28	57,6882591	68	73,0495541	108	81,0586500	148	86,5134404
29	58,2957719	69	73,3022935	109	81,2182119	149	86,6300222
30	58,8826871	70	73,5513962	110	81,3763166	150	86,7458243
31	59,4503557	71	73,7969654	111	81,5329904	151	86,8608568
32	60,0000000	72	74,0391000	112	81,6882591	152	86,9751302
33	60,5327294	73	74,2778947	113	81,8421475	153	87,0886541
34	61,0495541	74	74,5134404	114	81,9946802	154	87,2014385
35	61,5513962	75	74,7458243	115	82,1458806	155	87,3134929
36	62,0391000	76	74,9751302	116	82,2957719	156	87,4248266
37	62,5134404	77	75,2014385	117	82,4443766	157	87,5354490
38	62,9751302	78	75,4248266	118	82,5917166	158	87,6453690
39	63,4248266	79	75,6453690	119	82,7378132	159	87,7545955
40	63,8631371	80	75,8631371	120	82,8826871	160	87,8631371

www.ingramcontent.com/pod-product-compliance
Lightning Source LLC
Chambersburg PA
CBHW070534100426
42743CB00010B/2075